20 世纪中国图书馆学文库·70

图书馆藏书

——补充、组织、控制与协调

吴慰慈　刘兹恒　编著

圕　國家圖書館出版社

本书据书目文献出版社 1991 年 2 月第 1 版排印

前　　言

　　图书馆藏书建设是图书馆学研究中的重大课题,也是当前国际图书情报学术界研究最活跃的专业领域之一。本书共分十二章,较为全面、系统地对藏书建设的基本问题做了理论上的探讨和阐述,同时对一些技术方法问题也做了详细的介绍,内容包括:图书馆藏书的特征;图书馆藏书体系的构成;藏书建设的基本内容;现代文献的类型及整体特征;图书馆藏书的来源;图书馆藏书补充的原则和范围;图书馆藏书补充计划;图书馆藏书补充的组织与方法;图书馆藏书的验收与登记;图书馆藏书的组织;图书馆藏书的复选与剔除;图书馆藏书的数量控制与质量评价;图书馆藏书的保护;图书馆藏书建设的协调等。

　　本书是我们根据过去撰写的讲稿,并结合多年的教学实践和新出现的情况加工整理而成的。在加工整理的过程中,我们试图摆脱纯粹从经验层次上来讨论图书馆藏书建设,刻意追求藏书建设的理论深度与广度,使学生不仅能在操作上掌握一定的技术方法,也能在理论上有一定的新思维。为此,我们在本书中吸取了国内外有关的研究成果,参考或引用了某些专著或论文中的论点和材料,在此我们谨向原作者表示深切的谢意。在本书的写作过程中,北京大学图书馆学情报学系主任周文骏教授曾给予热情的帮助和支持,对此谨致衷心的感谢。

1

由于作者学识水平的局限,本书的缺点和疏漏在所难免,敬请读者,特别是从事本专题研究和教学的师友不吝赐教。

吴慰慈

1989 年 5 月于北京大学

目　　录

第一章 图书馆藏书总论

第一节 图书馆藏书

一、图书馆藏书的概念

图书馆藏书是一个集合的概念,它是指图书馆所收藏的,经过选择、加工与组织的各种文献的总和。这个概念包含三方面的内容。首先,图书馆藏书是文献的集合。所谓文献,ISO《文献情报术语国际标准(草案)》的定义是:"文献是指记录一切人类知识信息的载体。"按照这个定义,图书馆藏书不仅包括传统的印刷型图书,还包括其他物质载体的文献,这就突破了传统图书馆藏书的收藏范围。第二,图书馆藏书是经过选择的文献的总和。文献的总和并不是所有文献的随意相加与堆砌。图书馆藏书仅是根据图书馆的任务和读者的需要而挑选出来的那一部分文献。第三,图书馆藏书必须经过加工与组织并提供给读者利用。图书馆对收集来的文献要经过科学的技术加工,按一定的体系布局排列,并进行精心的保管,最后才能组织读者共同利用。只有具备了上述要求的文献才能称为图书馆藏书,这也正是图书馆藏书与新华书店库存图书及档案馆馆藏的区别。

从上述中可以看出,图书馆藏书是以图书馆的类型、方针、任务和读者对象的情报要求为依据,经过系统收集和长期积累而形成的具有不同学科内容、不同水平及不同载体类型的各种文献资源的综合体系。

二、图书馆藏书的特征

1. 加工性。

图书馆采进的图书必须经过图书馆员的加工才能成为藏书，而且这种加工也不是个人甚至某个图书馆随意进行的，它有一定的技术方法规范。图书馆藏书的加工性，体现了文献生产与流通之间由图书馆员追加的劳动。通常其劳动量是很大的，现在一些国家采取的图书馆藏书集中加工，例如集中编目等，可以部分地减轻这种劳动。

藏书的加工性特点告诉我们，不是所有图书馆内的文献都是图书馆藏书。图书馆刚收到但还未进行加工的文献、馆际互借来的文献、已经注销但还未从图书馆拿走的文献或为进行交换和赠送而收集来的文献，都不能算作图书馆藏书。

2. 积累性。

图书馆藏书不是一朝一夕建立起来的。它必须经过长期系统地积累才能达到一定的规模，才能具有满足读者情报需求的能力。正是这种积累性，使得不断流散在空间和时间之中的文献情报流能够汇集于统一的文献集散中心，跨越时空的限制，从不同角度、不同方向满足人们特定的情报需求。

3. 有序性。

由于构成图书馆藏书的文献资源就其内容价值来说各不相同，物质形态各不相同，其读者对象、使用方式也不相同。因此在各种文献之间以及它们与读者的关系方面都存在着复杂的联系。为了方便读者利用，需要分门别类地把藏书组织成序列。通常是以文献本身的内容特征或文献的某一外部特征为标志，顺序地将不同文献排列起来，并按照这个标志检索文献。藏书排列的顺序及藏书各部分之间的联系与作用,通过图书馆目录体系能够得到充分反映。显然,藏书的有序性是读者检索、利用文献的前提。

4. 保存性。

图书馆藏书是国家的宝贵资源,是人类科学文化的结晶,需要妥善的保存,任何人都没有权力破坏它们。尽管在图书馆藏书中,根据各种文献的不同价值和使用情况,有的文献需要永久保存,有的文献只需保存一定时期,但这种保存性却使得千百年来人类创造的科学文化遗产能够不断流传,促进人类社会的不断发展。正如国外一些学者指出的那样,假如一场世界战争,把人类创造的所有物质财富都毁灭了,但只要图书文献及其所记录的知识保存下来了,则人类就可以很快把现代世界重新建立起来。但如果把所有图书文献都毁灭了,人类创造的知识、文化丧失了,那么,人类就要重新经历几万年甚至几十万年的历程。这种说法虽然过于夸张,但却表明了图书馆藏书保存性的功能。

5. 公共使用性。

建立图书馆藏书的目的就是提供公共使用。藏书的公共使用性是图书馆藏书区别于藏书楼藏书及个人藏书的重要标志。藏书利用状况如何,已经成了衡量当代图书馆工作质量的主要标准。图书馆藏书的社会价值正是体现在读者使用藏书的广度、深度以及所产生的经济效益和社会效益上的。因此,目前世界各国图书馆都在进一步研究提高藏书利用率的措施与方法。

总之,任何图书馆的藏书都有一个形成发展的过程,而且永远是一个发展着的有机体系。当藏书发展到一定数量,达到一定规模,就会引起图书馆整体结构的变化。如我国通常按照图书馆藏书数量的多少,把 20 万册以下藏书的图书馆称为小型馆,把 20—50 万册藏书的图书馆称为中型馆,把 50—100 万册藏书的图书馆称为大型馆,把 100 万册以上藏书的图书馆称为超大型馆。不同规模级别的图书馆,组织机构及工作人员安排不相同,服务效率及满足读者需求能力的大小也不相同。在我国,目前图书馆藏书不应该盲目追求"大而全",而应该着重研究如何提高藏书质量,满足读者需要。

三、图书馆藏书体系的构成

毫无疑问,图书馆藏书属于整个社会藏书的一部分,尽管它所占比例并不大,但它却是社会藏书中的核心;图书馆藏书又是高度组织化的一个体系,有它自己构成、发展的规律。

根据图书馆藏书各组成部分的作用,我们可以把藏书划分为基础藏书、重点藏书和一般藏书三部分。

1. 基础藏书。

指图书馆为完成本馆的具体任务所必须具备的藏书,是图书馆藏书的主体。

由于读者对文献的需要是多种多样的,图书馆不能无条件地去满足所有读者提出的所有要求,因而只能以本馆的具体任务、藏书原有基础及今后的发展方向作为确定基础藏书的内在依据,同时以本地区或本系统的分工协调情况作为确定基础藏书的外部依据。

图书馆的基础藏书,当然要以整个社会生产的文献为收集对象,其中包括古今中外的文献。但是在所有这些文献中,又要注意有所侧重。基础藏书应该是一组"核心文献群"。也就是说,要对某些学科或某一学科的某些方面的文献进行比较全面的收集,使一定范围内的基础藏书中,不仅有本学科的文献,也有与本学科相关及相近学科的文献;不仅有能够起教育作用、思想性很强的文献,也有只具参考价值甚至只能作反面教材的文献;不仅有供大多数读者使用的文献,也有专供某些人研究某些问题的文献;不仅有公开发行的文献,也有内部发行的文献;不仅有现实需要的文献,也有潜在需要的文献。基础藏书要能够充分满足本馆主流读者群的需要。

2. 重点藏书。

指图书馆为重点任务和重点服务对象配备的专门文献,或根据历史、地理条件,图书馆需要长期积累、保存的文献。它通常反映在某些学科或某种文献类型上。重点藏书是图书馆藏书的精华,反映图书馆藏书的特色。

通常,重点藏书受四种因素的制约:

(1)本地区、本部门、本单位生产建设和科学研究的重点。如辽宁省图书馆是根据本馆处于东北地区最大的综合性工业城市这一特点,选择采矿、冶金、机械、电力、石化、建材和环境科学等学科技术领域的文献为藏书重点,与本省的生产建设重点相一致。

(2)本馆的藏书基础。如天津图书馆,经过长期的积累,纺织、海洋化工、石油化工、明清小说、史料及地方文献收藏比较丰富,这些文献便作为该馆重点藏书之一,被继续保持和发展。

(3)本地区历史、地理特点。如广东省中山图书馆收藏的有关华侨、太平天国及东南亚研究资料,甘肃省图书馆收藏的敦煌研究资料等,都是该馆根据本地区特定的历史、地理条件而形成的重点藏书。

(4)本地区、本系统图书馆的分工情况。如上海地区在实行藏书分工协调时,决定上海图书馆以收藏化学化工、采矿、冶金、电工技术、仪器仪表、农业方面的文献为重点,复旦大学图书馆以数学方面的文献为重点等。

对于重点藏书,在文献类型、文字种别、出版年代、版本品种上都应有不同程度的侧重。确定重点藏书的范围,要持慎重、严肃的态度,不能随心所欲、朝令夕改。

目前我国图书馆存在的问题是,重点藏书不突出,形成平行重复,大多数图书馆有的文献,本馆也有,缺乏特色。这是我国图书馆藏书总体水平不高的原因之一。现在国外一些发达国家,已经开始实行图书馆藏书专业化、特色化的措施,专业文献中心大量出现,并正在逐步形成专业文献数据库。而我们的图书馆则越来越向综合化的藏书发展,藏书没有层次、没有重点,极不适应读者的需要。

3.一般藏书。

指图书馆为一般读者提供的为学习提高所用的基础书刊、科普读物,以及为丰富读者精神文化生活而提供的文学艺术类欣赏性读物。

一般藏书是所有图书馆具有共性的藏书,通常没有大的保存价值,新陈代谢十分频繁。

基础藏书、重点藏书和一般藏书共同构成了完整的藏书体系,它们各自相对独立,向着一定的方向发展。但在图书馆藏书实践中,对于一些具体的书刊文献,却很难给它们以固定的标志,它们究竟属于基础藏书、重点藏书或是一般藏书,只能因时、因地制宜。

基础藏书、重点藏书和一般藏书相互依赖、相互作用、相互补充。基础藏书是图书馆藏书的基础,基础越雄厚,重点才得以突出;同时,重点藏书又是基础藏书的升华,是其风格的体现,没有重点也就没有特色;而一般藏书则是基础藏书某种意义上的延伸,对基础藏书和重点藏书起着补充的作用,没有一般藏书,则谈不上重点藏书。

图书馆对于基础藏书要优先保证,对重点藏书要长期积累,并且要根据量力而行的原则,适当地把一般藏书丰富起来,三者要有机地配合。只有这样,才会使一个图书馆的藏书形成一定规模。

第二节　图书馆藏书建设

一、藏书建设的含义

社会上的文献资料经过图书馆的选择、收集、整理、加工、组织和保管,变成了图书馆的藏书。图书馆的这部分工作,称之为图书馆藏书建设,它们基本上是由图书馆的采访部门(采编部)和典藏部门承担的。图书馆内部的技术性工作,主要是指这部分工作。这部分工作做好了,才能保证建设一个科学的、高质量的藏书体系,这是做好读者服务工作的前提。

图书馆藏书建设的概念也是随着历史的演进、科学的发展而不断变换其内涵与外延的。藏书建设这个词,由古代藏书采访演化而来,本世纪 50 年代,作为藏书补充的同义词开始出现在图书馆学的专业术语中。

古代的科学技术不发达,生产力水平较低。人类创造的知识相对较少,文献生产数量不多,因而那时的藏书建设就是指藏书的搜集与保管。其指导思想是尽可能地搜集所有文献并进行严密的保管。到了近代,文献资源的数量有了很大增加,图书馆要收集社会上的全部出版物已经不可能了,这时藏书建设的内容增加了对文献进行选择的环节,选书理论也开始出现并逐步得到完善。到了现代,科学技术飞速发展,一方面导致了新的文献急剧增加,另一方面又导致了旧的文献内容不断失效。此外,随着图书馆协作协调活动的开展,使现代图书馆藏书建设又增加了藏书复选和藏书协调的内容。这表明,现代图书馆藏书建设具有社会整体性和动态性的特征。

这样,我们可以把图书馆藏书建设定义为:按照一定的原则,确定图书馆的采购标准和收藏范围,有计划、有目的地选择入藏各种文献资料,并将它们进行科学的组织与保管,以及不断地剔除确实不为读者所需的文献资料的工作。

二、藏书建设的基本内容

藏书建设包含了藏书体系形成、发展的全过程,它的基本内容包括:

1. 藏书体系基本模式规划。

通常是根据图书馆的性质、任务、读者对象的需要和地方特点来确定藏书的补充原则、收藏范围、收藏重点和采购标准,提出本馆藏书构成的基本模式。这个模式是建设图书馆藏书的蓝图,也是建设图书馆藏书的指导性文件。

在图书馆藏书形成和发展的过程中,这个模式必须随时进行调整。

2. 藏书选择与补充。

根据已经确定的藏书结构模式,通过各种途径,选择与收集本馆必要的文献资料,建立并不断充实馆藏;同时不断地对已入藏文献进行复选,剔除滞架图书,保持藏书的活力。

3. 藏书组织管理。

对入藏文献进行加工、布局、排列、清点、保护,对藏书结构和藏书数量进行调节与控制,使图书馆藏书得以长期完整地保存,使读者能够有区别地充分利用藏书。

4. 藏书协作协调。

从一个地区、一个部门(系统)甚至全国的全局出发,对各级各类图书馆的藏书进行统筹规划、合理布局,实行新书采购分工协作,原有藏书按需调整调拨,非常用书刊联合贮存,逐步使各图书馆的藏书形成一个整体,减少重复与遗漏,最大限度地满足读者的情报需求。

5. 藏书建设基本理论与方法的研究。

主要是指对藏书建设工作具有指导意义的基础理论和基本方法的研究,如文献出版发行动态的研究,藏书形成与发展规律的研究,藏书总体目标的研究,藏书选择与评价的研究,藏书控制与管理的研究,以及其他有关藏书建设的新观点、新技术、新方法的研究等。

以上五个方面是图书馆藏书建设的基本内容,它们之间的关系如下图所示。

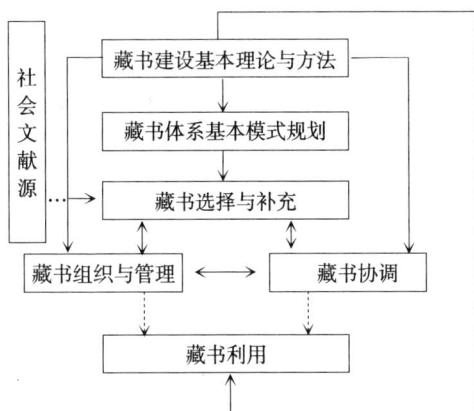

由此可见,藏书建设是藏书形成与发展过程中各构成部分及其相互关系的总和,是文献的生产发行、文献的流通使用和图书馆工作技术的结合过程。因此藏书建设的各个方面是互相联系、相辅相成的,忽视或削弱其中任何一个方面,都会直接影响图书馆藏书的质量。

三、藏书建设的意义与作用

图书馆藏书是人类宝贵的知识财富,是满足整个社会图书情报需求的主要源泉。众所周知,文献情报资源是发展科学教育事业及国民经济的重要条件,一个国家经济的强弱,在很大程度上取决于该国的科学技术水平,而这种水平在很大程度上又取决于该国的情报吸收能力。在当前竞争日益激烈的时代,谁掌握的文献资源多,谁就可以取得领先地位。正因为如此,国外许多人把图书情报资源叫作人类的"第二资源",同材料、能源并列,作为发展国民经济的三大支柱。显然,这种第二资源同其他物质资源一样,也需要优先建设与开发。

其次,图书馆藏书是图书馆开展全部工作的物质基础,没有藏书就不可能有图书馆。因为图书馆主要是靠所收集的文献来履行自己的各项职能的,所以藏书建设工作就成了图书馆最重要的基础工作之一。

伟大的革命导师列宁非常重视图书馆的藏书建设工作。十月社会主义革命胜利后,无论是在外国武装干涉或国内战争时期,还是在恢复国民经济的和平时期,他都始终把图书馆藏书建设工作列为发展图书馆事业最迫切和最重要的课题。根据他的提议,苏联政府颁布了若干专门关于图书馆藏书的法令,从而奠定了苏联图书馆藏书的良好基础。

新中国成立以来,我国政府十分关心图书馆藏书建设工作。早在建国初期,中央人民政府政务院就颁布了一系列保护文献资料的法令,如1950年颁布的《禁止珍贵文物图书出口暂行办法》、《征集革命文物令》等。1956年,周恩来总理在关于知识分子问题的报告中指出了图书文献资料对于科学研究的重要意义:"为了实现向科学进军的计划,我们必须为发展科学研究准备一切必要的条件,在这里,具有重要意义的是要使科学家得到必要的图书、档案资料、技术资料和其他工作条件。"文化部、国家教委、中国科学院等部门在其多次发布的有关图书情报工作的条例、指示中,也一再强调图书馆的主要任务,首先是采集各种类型的图书情报资料并进行科学的组织与保管。

当前,我们正在进行宏伟的现代化建设,迫切需要吸收和利用国外先进的科学技术和管理经验,这就要求我们充分开发和利用图书情报资源。然而,图书情报资源与自然资源不同,它不是自然存在的,它必须通过我们搜集、整理、贮存才能形成。所以我们必须对图书馆藏书建设给予高度的重视。

藏书建设工作是图书馆根据本身的任务,对人类知识记录进行扫描、筛选、整理,提供利用的第一步,它需要细心周密的计划,又要有一定时间的积累,它受制于图书馆内外的各种条件,又极大地影响图书馆各项工作的开展,是一项牵动全局的工作。因此,很好地研究藏书建设问题,对图书馆事业的发展具有重要意义。

第二章 现代文献的类型及其整体特征

第一节 现代文献的概念

一、文献概念的演变

"文献"一词最早见于《论语·八佾》之中。孔子说:"夏礼,吾能言之,杞不足徵也;殷礼,吾能言之,宋不足徵也;文献不足故也。足,则吾能徵之矣。"这段话的意思是说,孔子知道夏代和殷代的制度,但对杞国和宋国的制度不了解,原因是这两国没有足够的文献可以作依据,如果有了足够的文献,就完全可以了解了。对于这段话中的"文献"一词,宋代朱熹解释为:"文,典籍也;献,贤也"。可见在古代,文献包含两个不同的概念,并各有所指。文指典籍,即有关典章制度的文字资料;而献同贤,指见多识广,熟悉掌故的人。古代人研究历史,一方面依靠书本文字记载的材料,一方面借助于人们口耳相传的材料,因此,文与献(贤)都被视为史料。

后来,文献一词的概念起了变化,随着人类记录知识手段的发展进步,书籍文章增多,文献的含义就只侧重于"文",而"贤"的意义逐渐消失了。它一般仅指那些具有历史价值的文章和图书,其外延比古代有所缩小。

到了现代,由于科学技术迅速发展,新的知识不断产生,各种记录知识信息的载体也大量涌现,因此,人们又把文献概念的含义扩大了,除了原来意义上的图书资料外,还泛指一切知识信息载体。国际标准化组织在其制定的《文献情报术语国际标准》(ISO/DIS 5217)中,给文献下的定义是:"文献是记录一切人类知识信息的载体。"我国的国家标准《文献著录总则》(GB3792.1—83)给文献下的定义是:"文献:记录有知识的一切载体。"可见,凡是人类的知识以文字、图形、代码、符号、声频、视频等形式,用一定的技术手段记载在物质载体上,由此而形成的每一件记录,统称为文献。因此,现代文献包括的范围是相当广泛的。

在现代社会中,文献是人们获取知识、情报最基本、最主要的来源,也是人们间接进行思想交流的主要工具,它已成为社会结构中不可分割的组成部分。

二、文献的构成要素

根据文献的定义,我们可以看出,无论文献的概念在怎样变化,其构成要素总是一定的、共同的。任何一种文献,都是由信息内容、载体材料、信息符号和记录方式互相结合而成的,我们称之为文献构成的四要素。

1. 信息内容。

信息内容是指文献所表述的思想意识、知识信息或情报的内容,是文献的内涵和实质。人们为着不同的目的生产、传递、保存和利用文献,主要是针对文献的信息内容,没有信息内容,文献交流也就失去了意义。当知识信息以一定形式记录在物质载体之上时,就成为物化的精神财富,能够在社会的发展中起巨大的作用。

2. 载体材料。

载体材料是指信息内容赖以存贮的依附体,也是信息内容能够得以传播交流的媒介体。我们知道,知识信息能以三种形式存在：一种是存在于人脑的记忆之中，即依附于大脑载体，它通过人们互相之间的直接交往，言传身教，使知识得到传播；一种是物化于实物之中，即依附于实物载体，如古文物、样品、样机等，人们必须通过对实物进行分析研究，才能提炼出有关的知识；最后一种是用一定符号，采用一定方式记录在一定材料上，如甲骨、简策、纸张、胶片、磁带、磁盘、光盘等等。人们通过对记录在这些材料上的信息内容进行阅读，可以直接获取有关的知识。通常，只有这后一种知识信息的存在形式，我们才称之为文献，而这些能够承载信息内容的物质材料，才是文献的载体材料。现代文献的载体材料大多是人工合成材料。现在，人类仍在为寻找信息容量大、体积小、重量轻、易于保存和传递的文献载体材料而进行着不懈的努力。

3. 信息符号。

信息符号是信息内容的标识符号和表达手段。现代文献所采用的信息符号包括文字、图形、编码、声频、视频等等。不同的载体材料，需使用不同的信息符号。目前，文字符号是文献中被使用最多的信息符号，它是人们借助文献载体表达思想、交流信息最常用的手段；声频符号和视频符号是具有直观性的信息符号，它反映的信息内容直观而形象，人们不需进行任何训练就可以直接感受；编码符号通常是一些经过人工编排处理和加工转换的字符（包括数字、字母和符号），文献的信息内容被转换成编码以后，不仅受过专门训练的人能够识别理解，更重要的是可以被电子计算机所识别理解，成为机器可读文献，使信息内容的存贮、检索、传递速度大大加快。

4. 记录方式。

记录方式指信息符号所代表的信息内容被存贮到载体材料上的方式，包括书写、雕刻、打字、印刷、拍摄、录制、复印及计算机录入等。记录方式的进步，反映了人类生产力的进步；记录方式的多样化，满足了社会多样化的需要。目前，记录方式正朝着方便、快速、准确、高效的方向发展。

显然,文献是一种特殊的社会产品,是物化了的精神财富。信息内容是文献的内在本质,载体材料是文献的外在形式,而信息符号和记录方式则是使信息内容与载体材料相互结合的手段和中介,四个要素缺一不可。

在图书馆藏书建设中,图书馆员必须对文献及其构成要素有深刻的了解,以便从各个方面对文献的价值作出正确的判断。

第二节　现代文献的类型

现代文献的出版类型多种多样,早已突破了传统纸张印刷品的范围。作为图书馆工作者,熟悉现代文献的各种类型,掌握各类文献的划分标准,对从事图书馆藏书建设工作很有帮助。

首先,它能帮助我们有目的地根据图书馆的性质、任务和读者需要补充各类型文献,并根据不同文献的作用及其在图书馆藏书中的地位,恰当地安排入藏比例;

第二,它能帮助我们根据不同类型文献的特点,分门别类地给予科学的组织及管理;

第三,它能帮助我们有区别地对不同读者流通和宣传不同类型的文献;

第四,它能作为统计材料的依据,帮助我们了解馆藏情况,作出馆藏的分类统计。

对现代文献类型的划分,可以有许多标准:可以按文献记录手段和载体划分;可以按文献的编撰方法和出版特点划分;可以按文献内容划分;可以按文献用途划分;也可以按文献的加工形式划分;还可以按文献的语种划分等。我国图书馆对文献的分类,习惯以出版形式为主要标志,结合文献内容和载体形态,进行综合标志的分类。按照这种分类方法,现代文献可以分成以下类型,同时;每一类型下又可细分为若干种类,并各具特点。

一、图书

图书是一种成熟的定型的出版物,是迄今为止文献的最主要类型,也是图书馆藏书的主要构成成分。其内容特征是主题突出,内容成熟,论述全面,多是编著者长期经验、学识的积累;其形式特征是完整定型,有封面、书名页、目次、正文,还有版权页,并都装订成册。据联合国教科文组织《关于印刷品统计》文件的规定,49 页以上装订成册的印刷品称为图书,5—48 页的称为小册子,4 页以下的称为零散资料。

由于图书的出版周期较长,因而它反映的内容有"滞后"现象,一般不含最新、最近的情报信息。尽管如此,图书仍然是读者系统了解与掌握一门学科知识的基本文献。

图书按照其使用目的,又可以分为两大类:一类是供读者阅读的阅读书,另一类是供读者查阅的工具书。各类还可以再进行区分,如图所示:

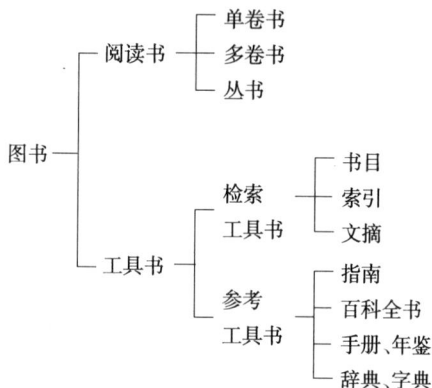

单卷书:以单行本形式出版的著作,每本书的内容都是完整的。如《图书馆学概论》。

多卷书:分成二卷或二卷以上出版的一个完整的著作,各卷在一个总书名下,一般不再命名各卷的书名。如长篇小说《李自成》。

丛书:汇集许多单行本的著作成为一套书籍,有一个总的丛书名,所属的各个单行本还另有自己的书名。全套若干册图书在内容上互相独立,彼此之间或者有、或者没有联系;有的全套一次出齐,有的要连续多年才能出齐。如《走向未来丛书》。

书目:"是著录一批相关的文献,并按照一定的次序编排而成的一种揭示与报道文献的工具"(《目录学概论》,北大、武大图书馆学系合编,中华书局1981年出版)。如《全国善本书总目》。

索引:是将文献中某些重要的、有检索意义的信息,如书名(篇名)、著者或文献所涉及的主题、人名、地名、词语、引用文献、符号等,根据一定的需要分析摘录出来,按一定顺序编排组织并注明出处,指引读者进行检索的工具。如《二十五史人名索引》。

文摘:是以简练的形式将文献的主要内容扼要地作成摘要,并按一定的著录规则与排列方式系统地编排起来。它不仅记录文献的基本书目信息,而且提供文献的内容梗概,是系统报导、积累和检索文献的重要工具。

作为检索工具书,书目、索引、文摘应该是单独出版的、非连续性出版物。否则应视为期刊或其他形式的检索工具。

指南:是经过系统编排的,介绍有关组织机构、人物、文献、科学进展或贸易、旅游等概况的一览表,是读者了解有关情况的重要工具书。如《国外工具书指南》。

百科全书:是汇集人类一切门类知识或某一门类知识的、内容非常完备的工具书。它不仅能供读者在寻检查阅时释疑解惑,而且还具有扩大读者视野和帮助人们系统求知的作用。如《图书馆学情报学百科全书》。

手册、年鉴;手册是汇集某一方面经常需要查考的资料而成的工具书。分综合性和专科性两类，其内容通常包括某方面的基础知识以及一些基本数据、公式、条例等。如《教师手册》、《数学手册》等。而年鉴则是系统汇集一年内重要时事资料或统计资料的工具书，是反映政治变化、经济兴衰、科学进步、文化发展的年度出版物。如《1986 年经济年鉴》。

辞典、字典：是汇集语言和事物名词等词语，解释词义和用法，并按一定次序编排以备检索的工具书。如《图书馆学情报学辞典》。

当然，我们也可以按照图书本身的内容来划分，把图书分为：思想政治读物、科学著作、技术图书、文学艺术读物、教材及教学参考书、通俗读物、参考工具书等。这种划分方法经常用在图书馆藏书的分类统计和书库布局中。

二、期刊

期刊又称杂志，是指那些定期或不定期连续出版，每期有固定的名称和版式，有连续的序号，发表多位作者的多篇文章，由专门的编辑机构编辑出版的一种连续出版物。它有三个主要特征：

1. 定期或不定期连续出版，以定期的居多，一般出版周期不超过一年；

2. 有固定的名称，有统一的版式或外观，使用连续的卷、期号或年月顺序号作为时序的标识；

3. 每期内容不重复，每期有多个著者，相应有多篇文章。

在图书馆工作实践中，期刊的以上特征常常被作为图书与期刊划界的标准。

目前，国内外对于期刊的定义已争论了许多年，仍没有取得一致的看法。现在有一种发展趋势，要用"连续出版物"这一概念来取代期刊，即把各种具有统一名称与序号，且连续出版的所有文献统称为"连续出版物"。如美国以前是用"Periodical"来称期刊的，后来觉得它所表达的内容有局限性,便改为现在的"Serial"了。"Serial"的中文含义即连续出版物。

国际标准化组织提出的《国际标准书目著录(连续出版物用)》,给连续出版物下的定义是:"一种逐次分册发行,通常都编有序号或年代标号,并且打算无限期地连续出版下去的印刷或非印刷形式的出版物,包括杂志、报纸、年刊(年鉴、行名录等)、各种机构的报告丛刊和会志、会议录丛刊以及单本书的丛书。"我国国家标准《连续出版物著录规则》给连续出版物下的定义是:"印刷或非印刷形式的出版物,具有统一的题名,定期或不定期以连续分册形式出版,有卷期或年月标识,并且计划无限期地连续出版。连续出版物包括期刊、报纸、年度出版物(年鉴、指南等),以及成系列的报告、学会会刊、会议录和专著丛书。"根据这两个定义,我们不难看出,期刊和连续出版物还是有所区别的,连续出版物的概念比期刊的概念要广义得多,期刊只是连续出版物中的一种类型。为了便于管理和利用,在藏书建设中,我们仍把期刊单独作为一种文献类型加以研究。

从总体来看,期刊在发展科学技术、传递科技情报方面具有重要作用。具体表现在:

1. 期刊是科学技术成就的记载,起着科技档案的作用,在一定程度上可以看成是人类科技发展的完整记录;

2. 期刊是一次文献、二次文献和部分三次文献的主要载体,是人类进行科学知识交流的重要渠道;

3. 期刊是正式的、公开的、有组织的把全世界科学技术人员紧密联系在一起的媒介。其中"正式的"是指期刊中的文章可以为任何人所引用或验证,白纸黑字、有根有据;"公开的"是指任何人可以任意向期刊投稿或订阅;"有组织的"是指作者向期刊提交的论文,都要经过期刊编辑机构决定取舍,论文的学术水平由此可以得到有组织的鉴定。

按照其反映的内容,期刊可以分为:学术性期刊、政论性期刊、行业性期刊、资料性期刊、检索性期刊、报导性期刊、评述性期刊、通俗性期刊和文学艺术性期刊等。下面分别加以介绍。

学术性期刊:这类期刊主要发表学术论文、会议论文、实验报告、研究报告等具有较强学术性、理论性的文章,大多是作者的原始论文。科学研究的新观点、新成果经常首先发表在这类期刊中,其情报价值较高。它们主要由各种学术团体或专门研究机构编辑出版,大多采用学报、会志、汇刊、通报等作刊名。如《北京大学学报》、《科学通报》等。

政论性期刊:这类期刊主要报导和评论国内外时事和重大事件,宣传有关的方针政策,对社会关心的问题进行理论探讨等,具有很强的政治性和政策性,是了解国家方针政策的重要文献。它们大多由政治团体、政府机构编辑出版。如《求是》、《半月谈》等。

行业性期刊:这类期刊是在厂刊的基础上发展起来的,其内容是本行业有关厂商的新技术、新产品、新设计、新工艺及新设备等的简短介绍,同时还刊登大量的广告。一些行业性期刊还经常登载一些技术性、专业性较强的文章,而且附有大量的产品照片、图解、参数等,具有较强的技术情报价值,很受本行业工程技术人员的欢迎。国外许多工业技术领域和大的行业、厂商,都有自己的期刊,如美国的《机器设计》、《自动化》,日本的《日立评论》等。

检索性期刊:为了帮助广大科研人员从浩如烟海的文献中迅速找到所需的文献,图书情报部门对特定范围内的大量原始文献进行加工处理,著录其外部特征和部分内容特征,并按一定的逻辑顺序加以编排,以期刊的形式刊行,这类期刊就称为检索性期刊,属于二次文献的范畴。检索性期刊既是一次文献的检索工具,又是一次文献的报导工具。按其报导形式的不同,检索性期刊可分为目录、索引和文摘三种形式。如我国的《中文科技资料目录》、《全国报刊索引》,美国的《化学文摘》等。

资料性期刊:这类期刊主要刊登一些实验数据、产品参数、技术规范、条例法令和统计资料等,一般不登载研究论文和技术文章。作为资料,这类期刊所报导的都是原始数据,比较详细可靠,对科学研究和生产建设可以起到很好的参考工具作用。如美国的《物理和化学参考数据杂志》等。随着各种数据中心、信息中心的纷纷建立,这类期刊有迅速增长的趋势。

报导性期刊:这类期刊主要以短文或简讯的形式报导有关最新的研究成果和社会动态,其作用是能迅速传递、通报有关的信息,增强情报的时效性。它比较受各类科技人员和管理人员的欢迎。如美国的《分析快报》、《能源简讯》等。

评述性期刊:这类期刊主要刊登各种综述或述评性的文章。这些文章有的综述国际国内形势,有的总结某一时期某一科学研究领域的动态、成果和发展趋势,有的专门对图书报刊上的文章进行评论等。它们能帮助读者在短时间内全面了解某一方面的情况。这些综述或述评性文章,一般由某一方面的专家在参考大量原始文献的基础上综合、分析、研究而成,属于三次文献;同时这些文章一般还附有大量的参考文献,能向研究者提供有关文献线索。因此具有很高的情报价值。如美国的《现代物理评论》、《化学评论》,日本的《日本造船与轮机工程技术进展》等。

通俗性期刊:这类期刊以向人们普及科学文化知识、丰富文化生活为目的,包括科普性期刊、知识性期刊、趣味性期刊等,所刊载的文章一般图文并茂,通俗易懂,但情报价值不大。如《知识就是力量》、《科学画报》等。

文学艺术性期刊:这类期刊主要刊登文学艺术作品,供人们阅读欣赏;有时也刊登文艺评论和消息。如《人民文学》、《美术》等。

现在全世界每年出版约 13 万种期刊,在如此众多的期刊当中,根据有关专家的研究分析,真正拥有较大的读者群、情报含量较高的高质量期刊只有大约 3.5 万种。这些期刊,图书馆界称为

"核心期刊"。

核心期刊又称为重点期刊、常用期刊,它是指那些科技情报密度大,代表该学科发展水平,所刊载的论文使用寿命长,借阅率和被引用率都较高的期刊。一般来说,只要掌握了核心期刊,就可以用较少的花费获得较多的情报。

核心期刊的判别标准是:

1. 期刊的被摘率。主要指有关权威的文摘刊物摘录的情况。核心期刊中的论文被摘率高于一般刊物。

2. 期刊论文的被引用率。主要指其他作者在论文写作中引用该刊物中文献的频度。核心期刊中的论文经常被其他论文作者所引用。

3. 期刊流通过程中的读者利用率。核心期刊利用率通常高于一般期刊。

由于期刊的出版周期短,论文发表速度快,能及时反映最新的知识与研究成果,因而受到了社会的普遍重视。在一些发达国家研究图书馆中,期刊收藏的数量已超过了图书收藏的数量。

报纸也是期刊的一种类型,但它的出版周期更短。它以最快的速度报导世界各地发生的最新事件和科学技术方面出现的最新成界,内容广泛,信息及时,是拥有最多读者的一种文献类型。

三、特种文献

是指出版形式比较特殊的科技文献资料。它介于图书与期刊之间,似书非书,似刊非刊,其内容广泛新颖,类型复杂多样,从不同角度反映了科学技术的发明创造、最新水平和发展趋向,对生产和科研有重要参考价值。由于特种文献出版无规律,且多不公开发行,因而较难收集,故又称之为难得文献。

特种文献主要包括以下几种类型:

1. 科技报告。

科技报告是本世纪40年代以后大量出现的一种文献形式,又称研究报告或技术报告,是科技人员围绕某一学科或某一课题在进行研究、研制工作中的阶段报告、成果报告和总结报告,或对某项研究课题或技术项目在实验中的报告和实际记录。通常以正式报告、进展报告、技术札记、备忘录等形式出版。由于国内外不少科研部门和生产单位经常利用科技报告对科研成果进行通报,科研人员也常常利用科技报告了解和借鉴别人的研究成果,因此它已成为科技情报的重要来源之一。

科技报告作为不定期的连续出版物,出版发行速度很快。它的内容专深具体,既有基础理论研究又有应用研究与技术研究,往往代表一个国家或一个专业的科研水平。许多最新的研究课题与尖端学科的研究资料都首先反映在科技报告中。科技报告一般只在同类性质的机构中交流,也有的属保密性质的文件,只供内部使用,但公开发行的也有一定数量。

科技报告的形式特征是:

(1)每份报告都带有机构名称及连续编号;

(2)一份报告为一项专题材料,自成一册;

(3)编辑不受限制,页数不等;

(4)出版不定期;

(5)印刷装帧简单、粗糙。

世界上著名的科技报告有美国的 AD 报告、PB 报告、DOE(前为 AEC)报告、NASA 报告和 RAND 报告,西德的 DVR 报告等。

2. 会议文献。

是指在国内外各种学术会议上宣读、发表或提交的论文、报告、讨论记录等文献资料,又称会议录。

各学术团体或机构召开学术会议,一般都是邀请该学科的专家学者和有一定成就的科技人员参加,会上宣读的论文在会前经过了有关专家的评审,会议讨论的主题也是当前大家共同关心的问题。因此会议文献内容全面、集中,涉及面广泛而有一定系统,反映了科技发展的水平与动向。会议文献,特别是经过编辑、加工的会议文集,不仅水平较高,而且内容十分精炼。由于科学研究的新成果大多是利用学术会议首次公布,因而会议文献传递的情报非常及时。通常,在学术会议上宣读或提交的论文要经过一段时间才陆续在期刊或其他文献上发表,有的则根本不再发表,所以会议文献越来越受到科技人员的重视。

会议文献按出版时间,又分为会前文献、会中文献和会后文献。会前文献又称论文预印本,包括论文摘要和论文单行本,一般只发给出席会议人员,是难得的资料;会中文献是会议进行中的文献,包括开幕词、闭幕词、出席会议人员名单、讨论记录、会议简报等,参考价值不大;会后文献是系统的、较完整的经过编辑加工的论文集,参考价值较大。图书馆主要是搜集会前和会后的文献。

3. 技术标准。

又称标准资料,它是标准化组织或有关机构对工农业产品和零部件的质量、规格、生产过程及检验方法等所做的技术规定,是从事生产和建设的一个共同依据。一个国家的标准资料反映了该国的经济政策、技术政策、生产水平、加工工艺水平、标准化程度及自然资源情况等,它对于新产品的研制、技术操作水平的改进也可以起借鉴的作用。

技术标准按审批机构和应用范围划分,有国际标准、区域性标准、国家标准、部颁标准、企业自订标准等,内容包括各种基础标准、产品标准和方法标准等。随着社会经济及科学技术的不断发展,技术标准的新陈代谢十分频繁,处于不断的更新之中。这就要求图书馆完整、及时地不断把各种新标准收集起来,保持技术标准的新颖性。

4. 学位论文。

是指高等院校的研究生、本科生或各教学、科研单位攻读博士、硕士学位的人员在申请学位时提写的论文。一般来说,学位论文是作者经过一年甚至一年以上的专门研究而完成的,经过专家的评审和答辩,带有独创性的文献。学位论文所探讨的问题往往较专,阐述也较为系统详细,对科研和生产有一定的参考价值。

学位论文是非卖品,除有少数印成单行本或在期刊上摘要发表外,一般不公开出版,因而学位论文的原文较难收集。高等院校图书馆及科研单位图书馆,应该注意收集本单位的学位论文。

5.专利文献。

主要指专利说明书。它是专利申请人向政府专利局递送的新发明创造的书面文件。由于申请人为了证明自己的发明新颖,以取得法律上的保护,往往尽力详细地说明其发明的特点、研究目的、实验过程及结论。因此它的内容比较详细具体,在一定程度上能反映各国科学技术水平和成就,是一种对工程技术人员和设计人员富有启发性的参考文献。

专利文献具有以下特征:

(1)涉及的技术内容比较广泛,从日常生活用品到尖端技术及其与之有关的生产制造工艺、设备、材料等,几乎无所不包;

(2)内容比较具体,理论阐述不多,偏重实用,一般都附有结构示意图及有关数据;

(3)数量虽多,但各国都公开发行,收集较容易;

(4)检索工具完备,查找利用方便。

除专利说明书外,专利文献还包括专利申请书、专利文摘、专利分类表、专利索引、专利报导刊物等,图书馆可酌情选收。

6.政府出版物。

根据联合国教科文组织的规定,政府出版物是指根据国家机关的命令,并且由国家负担经费而出版的一切记录。可见,政府出版物是各国政府所属各部门发表、出版的文献的总称。其内容极为广泛,从基础科学、应用科学直到政治、经济等社会科学;就其文献性质来看,可分为行政性文件和科技文献两大类,其中科技文献约占 30—40% 左右,包括政府所属科技部门的研究报告、调查报告和技术政策等文献资料。政府出版物集中反映了各国政府对有关工作的观点、方针、政策,对了解该国的科学技术和经济政策及其演变情况,具有一定的参考价值。

由于许多文献在未被列入政府出版物之前就已发表过,所以重复率较高。

7. 产品资料。

包括产品样本、说明书、产品目录等,是说明产品性能、规格和使用方法的技术资料。它是对定型产品的结构、原理、操作方法、维修方法所做的详细介绍,并附有产品的外观照片、结构简图或线路图等。它在技术上比较成熟,记载的数据也较可靠,对科技人员进行产品设计、选型有较大的参考价值,也可为进口国外产品和设备提供参考。

产品资料通常由生产厂家免费赠送,比较容易收集。

四、缩微资料

又称缩微复制品。它是利用摄影的方法,把文献的影像缩小记录在感光胶卷或胶片上,然后借助于专门的阅读设备进行阅读的一种文献形式,包括缩微胶片、缩微胶卷、缩微卡片等。这种载体形式是现代文献的发展趋势之一。

1. 缩微胶片。

这是一种透明的缩微复制品,它是将文献资料用缩微复制照相机拍摄于感光胶片上而成的。一般使用的规格是 105 毫米 × 148 毫米。普通缩微胶片每张可拍摄 60—98 页文献;超缩微胶片每张可拍摄 2500—3200 页文献;特超缩微胶片每张可拍摄 22500 页文献。

2. 缩微胶卷。

它是用成卷的胶片连续拍摄而成的,每卷长度视文献资料的长短而定,有 30 米、50 米不等。缩微胶卷是现代缩微资料中最常用的品种,适用于复制成套的文献资料,便于保存和再复制。多采用 35 毫米和 16 毫米的胶卷,每卷分别可拍摄 1400 页和 2800 页文献。

3. 缩微卡片。

这是一种不透明的缩微复制品,实际上是缩微照片,其大小和普通的图书馆目录卡片相同,通常是 75 毫米 × 125 毫米,缩小的比例是 24:1,每张单面可洗印 40—60 页文献,双面增加一倍。在缩微卡片的上部,印有能用肉眼直接看到的文献名称、编号等。因此可将缩微卡片像普通目录卡片一样排列在目录柜里,检索十分方便。

缩微型文献有许多优点,表现在:

1. 体积小,重量轻,便于收藏。缩微资料的信息记录密度大,能把大量印刷型文献缩小复制在少量的缩微载体上。据估算,采用缩微资料,能使图书馆的藏书空间节省 90% 以上。

2. 提取、传递方便,尤其适用于自动化检索。

3. 生产迅速,成本较低。缩微品的价格,只有印刷品的 1/10—1/15 左右。例如美国的四大报告,印刷品每件为 10 美元,而缩微品每件仅 0.85 美元;英国专利印刷型文献每套每年订价为 17 万美元,而缩微型文献只需 4000 美元。

4. 放大、复制、翻印拷贝都比较方便,还能还原成印刷型文献供人们直接阅读。

5. 在适宜的温、湿度条件下,可以永久保存。

缩微资料也有缺点,主要是阅读时要借助于阅读设备——缩微阅读机,而且与人们传统的阅读习惯不一致,必须在固定的场所进行,不够方便。自然,阅读者眼睛也易疲劳。此外,缩微资料的保管条件要求比较严格,温湿度的控制比较麻烦,阅读设备的投资也较大。

尽管如此,由于缩微技术和缩微机械的不断进步,使得缩微资料有着广阔的发展前途。

五、机读文献

指计算机阅读型文献,包括计算机用的磁带、磁盘等。这是最近20年才发展起来的一种新的文献形式。它是通过编码和程序设计,把文献原来的语言变成数学语言和机器语言,输入计算机,存贮在磁带或磁盘上,阅读时再由计算机把机器语言转变成人工语言,并根据需要把文献信息显示在终端屏幕上或打印在纸上。

1. 磁带。

它是在塑料带上附上一层磁性物质而成。目前国产磁带记录密度为每毫米20—30个二进制信息,磁带宽度为半英寸和一英寸,磁带道数为9道和16道,长度为800—1000米,厚度有50微米和37微米两种。磁带的存贮容量大,记录速度快,成本低廉,质量稳定。通常在市场上出售的机读文献就是这种形式。目前磁带存贮的文献主要是供情报检索用的二次文献。

2. 磁盘。

这是一种表面涂有磁化物质,可以转动的塑料圆盘,文献信息通过计算机记录在圆盘表面的磁层上。磁盘直径通常为7—8英寸,厚度为0.1—0.2英寸。用磁盘存贮信息容量大,存取快,保存时间久,使用较方便。在一个主轴上安装若干个磁盘就构成了一个磁盘组。磁盘组作为一种随机存取设备,既可永久安装,也可以重新拆换。

机读文献的优点是能存贮大量的情报信息,并能按照任何预订的体系组织这些情报和以最快的速度从中取出所需的情报;能反复多次地使用,成本较低,如果条件适宜,机读文献能够长期保存。但由于机读文献必须有计算机才能阅读,因而设备花费较大。

六、视听资料

又称声像资料或直感资料。它是以电磁材料为载体,以电磁波为信息符号,将声音和图像记录下来的一种动态型文献资料。视听资料通过在放音机、放像机上有规则的旋转、运动,直接传入人的耳膜和视网膜,使人们达到了"阅读"的目的。这种能使人见其形,闻其声,给人以直接感觉的文献在帮助人们观察科技现象,学习各种语言,传播科技知识等方面,有独特的作用。

视听资料按人的感官接收方式,可分为三种类型:

1. 视觉资料,包括照相底片、胶卷、幻灯片、无声录像带、无声影片等各种形象记录资料。

2. 听觉资料,包括唱片、录音带等各种发声记录资料。

3. 音像资料,包括有声影片、配音录像带等各种能同时显像发声的记录资料。

随着视听技术与电子技术的发展,专门的声像出版社纷纷建立,视听资料在社会文献中的比例越来越大,已逐渐受到图书馆界的重视。

七、立体形象资料

又称三维全息资料。它是用激光在三维空间进行全息摄影,实现存贮与显示的立体全息形象资料。全息资料不仅能反映物体的正面,也能反映物体的背面和侧面,还能准确记录物体之间的距离情况,使人们得到一幅完整的立体影像。尽管这种资料刚出现不久,在文献中所占比例极小,但它形象化的优点已给人们留下了深刻的印象。作为一种新型文献载体类型,它将得到进一步的发展。

八、光盘资料

这是一种新型载体的文献,由特殊的光敏材料制成,信息通过激光刻录在光盘盘面上,看起来像密纹唱片。它既可以用来记录图像和声音,又可以用来记录文字。

在写入信息时,将光盘安放在一台与计算机相连的录放机中,用写入信号调制激光源发出的光束,将信息刻写在光盘上;读出信息时,用激光照射光盘上的光道,激光检像器的光敏器件接收反射光束,并产生光电读出信号,再经放像系统恢复图像和声音信号,得到输出信息。显然,光盘是激光技术、精密机械、图像处理、计算机技术和唱片技术结合的产物。

光盘的信息存贮容量极大。一片直径为 30 厘米的光盘,能存贮 10^{10}—10^{12} 比特(bit)的信息。假如一本 300 页的普通图书能存贮 10^7 比特信息的话,那么一片光盘就可容纳几千册乃至几万册图书的内容。像美国国会图书馆那样巨量的藏书,如改用光盘存贮,只要几百片,至多上千片就足够了,占地不过几立方米。据测算,我国《人民日报》10 年的报道内容,可完全存入一片光盘。1981 年,美国一家公司用 8 片光盘存入了 1971 年以来的 70 万件专利文献,通过计算机终端可随机检索专利文献的全文。目前国外一些出版社已能提供光盘版的百科全书、光盘版的在版书目及其他一些光盘资料,只要有相应的信息输出装置即可直接使用。

光盘的价格与其他文献载体相比便宜得多,录一小时电视节目的光盘,售价仅几美元,大大优于录像带。据说用光盘存贮文献的花费比这些文献所占用的书库房租还便宜。

此外,光盘还具有下列优点:

1. 为文献的全文存贮提供了理想的介质。以往的数据库内容以二次文献和数据居多,检索结果仅仅是一份文献目录或一些孤立的数据,往往还需费力地寻找原始文献。采用光盘后,可以实现原文检索,一次检索即可获得全部资料。

2.没有汉字输入输出的困难,连手写汉字也可按原样输入输出,为汉字信息处理打开了新局面。

3.以文献的页为单位进行存取,存取速度快,省却了一个个打键输入字符的麻烦,也使中外文文献同时输入计算机系统成为可能。

4.易于实现自动检索,可利用计算机进行灵活而准确的处理。

5.易于保管和复制。据估计,光盘存贮的信息能保存100年以上。

光盘的这些优点表明,它是继纸张、感光材料、磁性材料之后又一重要的信息载体,它的出现对整个图书情报工作将会产生很大影响。

九、特殊类型出版物

主要指档案资料、舆图、图片和乐谱等零散资料。

档案资料包括文书档案和科技档案,是记录各种事实进行过程的卷宗材料,有一定的保密性。这类文献以手稿和打字印刷件为主。

舆图包括地图、地形图、地质图、行政区划图、各种教学挂图等,是各种规格的单张直观资料。

图片包括各种新闻照片、美术作品等。

乐谱是一种活页式的音乐艺术作品。

这些零散资料,规格大小不同,外部形状各异,无法装订成册,通常需专门的方法进行保管。

第三节　现代文献的整体特征

一、数量大，增长快

当代科学技术正在迅速发展，它反映了人类对自然界认识的深化和改造能力的增强。与之相适应的是各种知识门类不断增加，人类所拥有的知识财富越来越巨大。毫无疑问，人类一切知识、智慧的发展，都要通过它的载体——文献的形式表现出来。正是由于这个原因，使得各个知识领域的文献数量越来越多，出现了所谓的"情报爆炸"。

据有关专家统计，1955年全世界出版图书为285000种，现在达到了每年70万种，增长了1.5倍；同样，50年代全世界每年出版期刊2万种，现在达到了13万种，增长了5.5倍。此外，专利文献全世界每年增加40万件以上，技术标准增加20万件以上，产品资料增加50—60万件，而会议文献每年出版量则高达100万篇。一般认为，科技文献数量每七、八年增加一倍，一些尖端学科的文献增长速度更快。如原子能方面的文献，近年来几乎每两、三年就翻一番。据国际图书馆协会联合会预测，到80年代末，全世界每年出版各种文献将达到2000万种（件），平均每天出版达30万件。

最近几十年来，人们对文献迅速增长的现象进行了大量的研究，得出了一些规律性的结论，其中最有代表性的是文献增长指数规律。

美国科学史学家、文献学家普赖斯（D. Price）在研究科学的历史进程中发现，科学期刊自1665年出现以后，其200多年来的增长呈一定规律性：1750年为10种，1800年达到100种左右，

1850 年有 1000 多种,1900 年约为 10000 种,几乎是每 50 年增长 10 倍。同时,普赖斯还对文摘性期刊的增长进行了统计,发现自 1830 年出版第一种文摘刊物后,它们基本上也是按每 50 年增长 10 倍的规律在增长。普赖斯在分析、综合了大量统计资料的基础 上,以历史年代为横轴,以文献量为纵轴,建立直角坐标系,把不同 年代的文献量在坐标系中逐点标出,然后用一平滑曲线将各点连 接起来,从而得出了著名的"普赖斯曲线"(如图)。这条曲线近似 地表现了科学文献随时间增长的规律。

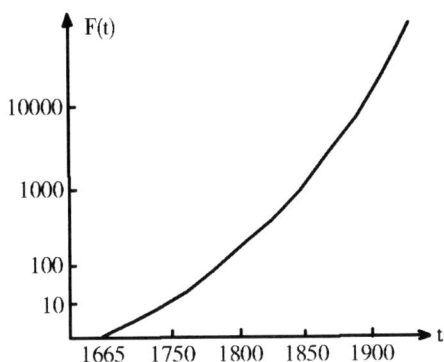

普赖斯曲线

通过对曲线的分析,普赖斯注意到文献增长与时间成指数函 数关系,其数学表达式为:

$$F(t) = ae^{bt}$$

式中:F(t)——时刻 t 的文献量;

a——统计初始时刻的文献量;

e——自然对数底(e = 2.718……);

b——时间常数(持续增长率)。

那么,按照文献指数增长规律,如果初始时刻文献量 a = 10000,增长率 b = 0.1,则 10 年后文献量为:

$$F(10) = 10000e^{0.1(10)} = 27183(件)$$

100 年后文献量为：

$$F(100) = 10000e^{0.1(100)} = 220264660(件)$$

当然，文献指数增长规律只是一个理想模式。实际上，文献不可能无止境地永远按指数增长。这个规律只能反映科学发展某阶段文献增长的客观情况。尽管如此，我们说普赖斯曲线及其文献增长指数规律对于帮助我们认识文献迅速增长的状况，还是很有意义的。

随着社会文献总量的迅速增长，图书馆藏书的数量也在迅速增长。据报导，苏联列宁图书馆中书架的展开长度已达 400 公里，并且正以年增 15 公里的速度在继续增长；而美国国会图书馆，其书架的展开长度已达 858 公里。这是对文献数量激增情况十分形象的描述。面对着数量如此庞大的文献，图书馆在收集、整理、保管和流通、利用方面都出现了许多新情况：如怎样全面掌握出版情况，做到对口收藏；各种类型的出版物如何加工、保管；书库急速饱和的问题如何解决；怎样及时向读者提供对口的文献等。这些问题都需要认真研究解决。

二、内容交叉重复

文献内容交叉重复，是由于以下几个原因造成的：

1. 各国政府部门、学术机构及其他研究单位的科研选题互相重复，反映其研究结果的文献内容也出现了重复；

2. 国外出版商竞相出版内容相同的热门及尖端学科书刊资料，以提高自己的声誉或获得更多的利润；

3. 同一内容的文献以不同形式分别出版，如印刷型、缩微型；

4. 世界各国互相翻译别国文字的文献数量越来越多；

5. 再版和改版的文献数量也在增多。

据有关文献报导，美国武装部队技术情报局有 60% 的技术报告、美国科学基金会有95%的技术报告、美国农业部有80%的技术报告既出单行本,又或迟或早要在期刊上发表。至于同一类型科技资料之间的重复就更严重了。如美国的NASA报告,其中属于国家航空和宇航局自己的报告仅占21%,而与国外其他科研机构出版的文献相重复的达79%;加拿大的专利文献同国外文献的重复率达87.2%。另据报导,每年世界上翻译图书已达到图书出版总量的10%,而每年出版的重版、改版图书,则占了总量的20—30%。

文献内容的重复交叉,给图书馆藏书建设带来了很大困难,要求我们在选择、收集文献时认真加以区分,以免造成浪费。

三、载文既相对集中,又高度分散,呈现出分布有序的离散规律

当代科学技术的发展趋势,向着不断分化和不断综合的两个方向前进,分化的结果导致学科愈分愈细,分支愈来愈多;而综合的结果则导致各个学科互相交叉渗透,出现了许多边缘学科、综合学科。这使得各学科之间的严格界限逐渐消失,各学科之间的相互联系逐渐加强。由于这种原因,使得文献情报的分布既集中、又分散:一方面,一种期刊往往登载多个学科的文献资料;另一方面,有关一个学科的文献又往往分散发表在许多不直接相关的期刊上。有人曾对某个时期地球物理学科的文献作了调查,在1332篇论文中,有429篇登在9种地球物理学杂志上,另外903篇则是登在不直接相关的317种杂志上。

科技期刊载文既集中又分散的现象,很早就引起了人们的重视。1934年,英国化学家、文献学家布拉德福(S. C. Bradford)曾做了一个试验,将所有登载了电技术方面文献的期刊,按其载文数量的多少顺序排队,发现全部有关电技术文章的1/3是发表在10种左右本学科专业期刊中,另外1/3的文章则出现在大约50种并非直接与电技术有关的力能学和交通运输等"相关"期刊中,而最后

1/3 的文章则发表在 200 多种与电技术毫无关系的期刊里。在统计分析的基础上,他总结出下述文献分布规律:在登载某一学科文献的所有期刊中,存在着由若干种期刊构成的第一区域,即核心区域;在其周围还有另两个区域,其中的每一个都含有与核心区域中数量相同的该学科文献。那么,构成第二区域的期刊数量为核心区域期刊数量的 n 倍,而在第三区域中的期刊数量则为核心区域期刊数的 n^2 倍(如图)。这样,在核心区域和第二、第三区域中的期刊数,将为 $1:n:n^2$。这就是著名的布拉德福文献分布定律。

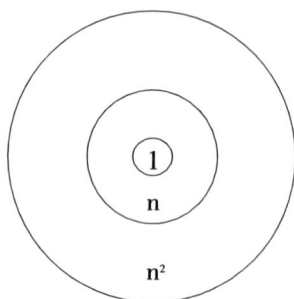

布拉德福文献分布定律示意图
1—核心期刊;
n—相关期刊;n^2—非专业期刊

掌握这一规律,了解文献分布特点,对于我们在藏书建设中用有限的经费获取质量好、使用率高的核心期刊,迅速准确地向读者提供有较高情报价值的文献等都具有十分重要的意义。同时,它也可以作为规划藏书布局,组织贮存藏书的一个理论根据。

四、形式多样,语言障碍增加

现代文献的生产,早已突破了传统的纸张印刷方式。科学技术的发展,人类知识数量的猛增,使得文献载体形式出现了多样化的发展趋势。近几十年来,缩微平片、缩微胶片、缩微胶卷、录音带、录像带、激光唱片及计算机用的磁带、磁盘、光盘等新型文献载体相继问世。这些采用塑性材料和磁性材料制成的文献,有的加大了知识信息的贮存密度;有的能使人观其形、听其声,获得直观的感受;有的则能大大加快情报的检索、传递速度,从功能上大大优于传统的纸张印刷型文献。正是由于这些原因,使各国书刊出版商竞相生产各种载体形式的文献,以满足社会上不同读者的不同需要。现代文献必将是以多种形式共同存在,互相依存,互相补充,共同发展。那种认为未来的社会是"无纸的社会"的观点是片面的、不正确的。

另一方面,文献使用的语种也在不断扩大。过去,世界上科技文献大多数只用英、德、法几种文字出版,而现在却有好几十种。据报导,世界上仅用于出版期刊的文字就有六、七十种之多,比较常用的文字也有七、八种。其中英文占 50% 左右,德文、俄文各占 10% ,法文占 7% ,日文占 3% ,西班牙文占 2% 等。据联合国教科文组织统计,现在全世界出版的科技文献中,有不少于一半的文献是用 50% 以上的科学家不懂的语言发表的。语言障碍已成为文献收集、整理和利用的严重问题。

五、时效性强、新陈代谢频繁

我们知道,科学知识并非单纯地由一个个事实累积而成,而是由无数有创见性的理论,通过不断发展、完善,才构成了今天的知识宝库。每当一种新的理论得到人们的公认,早先观察到的事实就必须随之用这种新理论来解释,科学知识就进入了一个新的层次。随着人类社会的延续,科学知识不仅在"叠加",而且在"更新"。原来不成熟的理论被比较成熟的理论取代,错误、片面的数据被比较客观的事实校正,不完善的方法被比较先进的方法更新,这就自然而然地形成了科技文献的新陈代谢。现代科学技术的飞速发展,使得文献的有效使用时间大大缩短,旧的文献很快就被新的文献所代替。这种现象被称为文献的"老化"现象。"老化"了的文献,其使用的读者越来越少,逐渐失去了情报价值。

1958 年,英国科学学专家贝尔纳(J. D. Bernal)第一次借用放射性元素衰变过程中"半衰期"(half life)这一术语来描述文献的老化速度。1960 年,美国的图书馆学家巴尔顿(R. E. Burton)和物理学家凯普勒(R. W. kebler)合作,通过对科技文献使用的引文进行统计分析,从而对文献的半衰期进行了深入的研究。所谓半衰期,是指某学科或某专业现在仍被利用的所有文献中较新的一半是在多长一段时间内发表的。它是一个时间长度,如物理学文献的半衰期为4.6年,即指目前仍被人们利用的全部物理学文献,有一半是在4.6年内发表的。可见文献的半衰期大体与该学科文献一半的失效期相当。

国外推出的主要学科文献的半衰期如下(仅限于自然科学学科):

生物医学	3 年	冶金	3.9 年
物理学	4.6 年	化工	4.8 年
机械制造	5.2 年	生理学	7.2 年
化学	8.1 年	植物学	10 年
数学	10.5 年	地质学	11.8 年
地理学	16 年		

我国由于科学技术比较落后,人们利用文献情报的能力还不够强,因此文献的半衰期要比国外长一些。尽管如此,图书馆在收集、加工文献时仍应及时、迅速,以减少文献情报价值的损失。

研究文献新陈代谢的规律,了解文献的半衰期,对我们从事藏书的复选与剔除、规划与布局、保存与利用等工作,具有十分重要的意义。

第三章　图书馆藏书的来源

　　图书馆要做好文献的搜集补充工作,重要的是要了解文献的来源,即了解文献是由谁出版,图书馆应从何处获得它们。因此,掌握文献的出版发行渠道,是藏书采访人员必备的基本功之一。

　　现在,世界上大多数国家都拥有数量不等、规模不同的出版和发行机构,它们专门从事文献的生产和发行,其出版发行的文献是图书馆藏书的主要来源。显然,了解书源,首先要了解国内外出版发行机构的类型、性质、特征、任务和出版发行范围,以便有的放矢地去搜集文献。

第一节　我国的出版机构

一、我国出版社发展概况

　　我国是最早发明纸张和印刷术的国家,出版事业有着悠久的历史。但是在漫长的封建社会和半封建半殖民地社会,中国的出版事业发展十分缓慢,一直处于分散、落后的状况。只有在新中国成立以后,我国的出版事业才得到了较快的发展。

　　建国初期,中央人民政府设立了出版总署,作为国家专门领导出版工作的最高行政机构。为了迅速发展我国的出版事业,党和政府采取了一系列重大的措施,将过去分散经营的新华书店统一为全国性的国营出版企业;紧接着又将兼营出版、印刷、发行的新华书店进行专业分工,分别建立了专门从事出版工作的中央和各地方的人民出版社,专营发行的新华书店和独立的新华印刷厂。与此同时,人民政府还依法没收了国民党政府和官僚资本的出版社,使其成为人民的出版社。对民族资本家的私营出版社也进行了调整和改造,到1956年,全国私营出版社的社会主义改造基本完成。一批国营出版社,特别是科学技术专业出版社相继建立。这样,就为我国社会主义出版事业奠定了坚实的基础,使我国的出版事业初具规模。

党的十一届三中全会以后,随着我国科学文化的发展,我国的出版事业也得到了蓬勃的发展,到目前为止,全国共建立了各种类型的出版社500余家,遍及全国各省、市、自治区。一些大型出版社已拥有数百名编辑人员,其编辑出版水平也在不断提高。我国每年出版新书已经超过5万种,并跻身于世界出版大国的行列。

目前在我国,一批大型重点图书和成套丛书已经出版或即将出版;直接为四化建设服务的科学技术著作、受读者欢迎的社会科学及文学艺术著作的出版大量增长;教材、少年儿童读物的出版越来越受到重视;古籍整理出版工作也在有计划、有步骤地进行;各种工具书的出版更是引人注目,国内出版界同国外的合作出版业务也有了良好的开端。总之,整个出版业已呈现出一派欣欣向荣、百花盛开的大好局面。

二、我国出版社的体制

我国的出版社,目前基本上都是国营的社会主义性质出版社。它们在各级党和政府的直接领导下,担负着"动员和组织著译力量,从事创作、编著和翻译,出版为国家和人民所需要的图书"的任务。

国家新闻出版署(前国家出版局)是管理全国出版事业的政

府机构,直属国务院领导。它负责制定有关的出版工作方针政策,统筹全国图书、报刊的出版活动。各省、市、自治区也设有新闻出版局,负责管理本地区的出版社。

从总的方面看,我国的各级各类出版社都是按一定的领导系统建立的。有由国家新闻出版署直接领导的中央级出版社,有由地方出版局领导的地方出版社,有由中央、国务院各部委领导的专门出版社,也有由军队、群众团体领导的有特定读者对象的出版社,还有高等院校建立的大学出版社等。这种按系统管理出版社的体制,决定了我国出版工作较强的计划性和高度的组织性。

三、我国出版社的类型

我国的出版社基本上是按专业分工的原则建社出书的。这样有利于提高出书的质量和工作效率。如果按照出版文献的内容、出版文献的类型和出版文献的读者对象,可以将我国的出版社划分为多种类型:

按照出版文献的内容划分,有综合性出版社、多科性出版社和专业出版社等。中央和地区的人民出版社,都是综合性出版社;一些大型出版社,出版一定范围若干学科的文献,属于多科性出版社,如商务印书馆、中华书局、科学出版社等;那些主要出版本专业领域图书的出版社,则属于专业出版社,如石油工业出版社、地质出版社、纺织工业出版社等。

按照出版文献的类型划分,有专门出版图书的出版社、专门出版特种文献的出版社、专门出版视听资料的出版社等。如专利文献出版社、技术标准出版社、地图出版社、北京音像出版社等。

按照出版文献的读者对象划分,有专门出版青年读物的出版社,有专门出版少年儿童读物的出版社,也有专门出版农村读物的出版社,还有专门出版盲文的出版社等。如中国青年出版社、少年儿童出版社、农村读物出版社、盲文出版社等。

最近以来,各地的出版社也逐渐由一家综合性的分化为数家专业性出版社,如湖南省有 6 家、四川省有 8 家。它们在全国的出版事业中发挥着巨大的作用。

四、我国著名出版社出书范围简介

北京和上海一直是我国的出版中心和出版基地,全国大多数著名出版社都集中在这两个城市。它们以出版图书数量多、质量高而得到广大读者的信任。

人民出版社主要出版马列主义、毛泽东思想的经典著作和各种政治书籍;人民文学出版社主要出版古今中外的文学及文学理论书籍;中华书局主要是整理和出版我国的古籍文献;商务印书馆主要出版外国哲学社会科学著作和中外语言工具书;中国对外翻译出版公司主要翻译出版联合国各类著作和文件;科学出版社主要出版自然科学的学术著作和译著;人民教育出版社和高等教育出版社则专门出版各种大中小学教材、教学参考书及有关学术论著;中国人民大学出版社、北京大学出版社、清华大学出版社等也出版大量教材和本校教学科研人员具有较高水平的研究著作等等。

除了以上介绍的一些在我国出版界享有较高声誉的出版社和其他大量中央的、地方的出版社负责出版中文图书以外,我国还有一家独具特色的、专门负责影印、发行外文书刊的出版社——光华出版社。它从大量国外原版书刊中选择质量较高,内容符合我国四化建设需要的品种加以影印出版,既满足了广大读者的需要,又为国家节约了大量外汇。

光华出版社的总社设在北京,代号为北京 608 信箱,主要负责影印出版西文科技图书、特种文献及语言工具书等;上海分社代号为上海 4060 信箱,主要负责影印出版外文现期期刊、专题论文选集、期刊特辑等;西安分社代号为西安第 34 信箱,主要负责影印出版西文的生物、医学、农业方面的现期期刊,俄文现期期刊,俄文科技图书和部分西文科技图书等。广州分社代号为广州第341信箱,主要负责影印出版港、澳、台地区的中文社会科学书刊。

我国的期刊出版,除一部分由出版社负责外,大部分是由独立的期刊编辑部编辑出版。这些编辑部绝大多数又都依附于一定的机构或团体,情况比较复杂。但我们仍然能比较容易地通过编辑出版机构的性质来推断其出版期刊的内容范围及质量水平。

总之,我国目前已经形成了门类比较齐全、布局比较合理的出版系统。截止1986年底,我国每年出版图书51789种,出版期刊5248种(不包括内部出版发行的书刊),使图书馆藏书有了可靠的、有充分选择余地的来源。

第二节　我国书刊发行机构

一、我国书刊发行的体制

我国书刊发行实行的是统一管理、分散经营、多渠道流通的体制。

解放前,我国的书刊发行事业相当落后。除解放区外,国民党统治区的许多县城根本就没有书店,书刊发行集中在少数大中城市。新中国刚建立时,全国也只有新华书店及其分、支店735处。就是在这个基础上,党和政府致力于建设遍布城乡的书刊发行网点,取得了很大的成绩。

1982年6月,文化部召开了全国图书发行体制改革座谈会,提出了"解放思想,厉行改革"的口号。几年来,改革已初见成效。以新华书店为主体的多种经济成分、多种流通渠道、多种购销形式、少流转环节的图书发行体制已逐步建立。虽然我国公开出版的绝大多数图书、报刊仍通过新华书店、邮局等国家正式发行渠道用预订、零售等方法发行,但是一些新的发行渠道近年来如异军突起,给我国图书发行事业带来了新的生机。

最近几年,全国已有数十家出版社同数百家书店实行了图书出版寄销合同制,突破了过去死板的征订包销制度,图书出版发行的社会效益、经济效益得到了更好的发挥;为了了解社会对图书的需要,几百家出版社与大中城市的书店建起了特约经销关系,一些出版社还抽出人力、物力,自己办起了书刊发行,大大加快了书刊的发行速度;为了弥补国营发行网点的不足,大量集体书店、个体书摊涌现出来,在很大程度上缓解了人民群众购书难的矛盾。

现在,我国的书刊发行已形成了一个网状的组织结构,服务范围覆盖了全国各个地区。在各种书刊发行网点中,有大型的,也有中小型的;有综合性的,也有专科性的;有全民所有制的,也有集体、个体所有制的。它们分别在我国图书发行事业中发挥着各自的作用。

二、我国书刊发行机构和发行渠道

我国书刊发行网如下图所示:

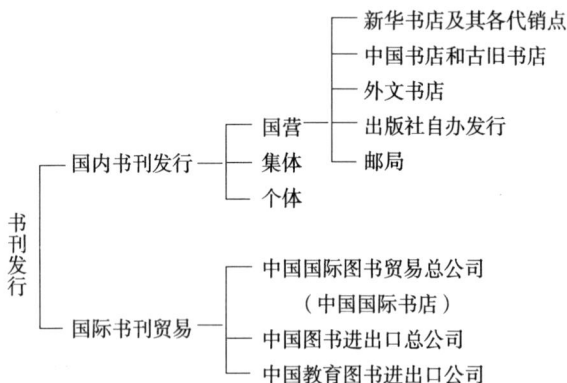

1. 新华书店。

新华书店成立于 1939 年 9 月,当时它是解放区负责出版、印刷、发行工作的综合性机构。新中国建立以后,根据党和政府的决定实行了专业改组,专门负责全国图书的发行工作,成为最大的全民所有制的图书经营机构。目前全国共有新华书店门市部8000多处,国营商业及农村供销社的代销点70000多处。新华书店作为我国图书发行的主渠道,其图书发行量占全国图书发行量的90%以上。

在一些较大的新华书店,还设有机关团体服务部和邮购部,专门负责向机关、团体及其图书馆供应图书和为边远地区及特殊情况的读者邮寄图书;一些新华书店还设有专门发行内部图书的内部发行部和负责批发业务的批发部。

过去,新华书店大多是综合性的,经销的图书包括各种门类。这种综合性书店尽管图书量多但是品种不全。近年来,为了满足读者对专业图书的需要,许多大中城市陆续开办了专业书店,集中供应某一专业或某一类型的图书,如科学技术书店、生活用书书店、教育书店、电影书店、医药卫生书店、工具书书店、少年儿童书店、音像书店等。这也大大方便了图书馆按类选购图书文献。

2. 中国书店和古旧书店。

这是专门经营旧书和古书的收购、发行部门。它的主要任务是通过各种途径收购古旧书刊,然后再把它们销售给需要的单位和个人,达到古旧书刊整理与利用的目的。这种古旧书店,设在北京的叫“中国书店”,设在上海的叫“上海书店”,设在其他地区的仍叫“古旧书店”。中国书店是全国最大的古旧书店。

近来,随着时间的推移,古旧图书越来越少,许多古旧书店逐渐把外出收购转移到对库存古旧残书进行清理,修补和补配上来。这是变残为全、变死为活、整旧复初、配套成龙提供古旧图书货源的重要手段。仅中国书店从1977年到1984年,就修理、修补、配齐了解放前的古旧残书和旧期刊15759部(套、册)。此外,他们还由单一的集配发展成为印配和抄配,对一些罕见的珍善本古籍则进行全抄和大部抄配,满足了许多图书馆和读者的需要。

古旧书店还负责中外文过期报刊的集配工作,即把一些单位或个人的无用报刊搜集起来,进行整理和配套,向图书馆提供比较完整的、成套的中外文报刊资料,同时也为读者补配零本(张)报刊。中国书店经整理、配套,现在已有各种中文期刊 5000 多种,英、日、德、法、俄几个主要语种的外文期刊 2000 多种,全国性及地方性的报纸 40 多种,每年为图书馆提供大量的具有资料价值的过期报刊,受到读者的欢迎。

3.外文书店。

外文书店是专门负责向国内发行国内外出版的外文书刊的机构。除了零售以外,它还代理中国图书进出口总公司引进外国原版书刊的征订及发行工作和光华出版社影印外文书刊的征订及发行工作。现在全国各大中城市,除西藏自治区外,都建立了外文书店,各种门市部有 200 余处。

4.集体和个体书刊销售点。

这是国营书刊发行渠道的重要补充渠道,由集体或个人出资兴办,有的专营书刊,有的兼营其他商品。它们销售的图书期刊,由新华书店、邮局和一些期刊编辑部批发,在货源上能够得到保障。经营的书刊有一定比例的畅销书,但不得经营内部发行及非正式出版单位出版的书刊。近年来,集体和个体售书点发展迅速,到 1984 年底,各种集体书店、个体书摊总计已达 35893 个。它们以其灵活的售书方式,热情的服务态度在我国书刊发行网点中,日益受到人们的重视。

5.出版社自办发行。

这是书刊出版发行产销合一的方式。它是减少书刊发行的流通环节,出版社直接与读者发生联系的重要手段之一。自办发行的形式有多种,如自办全部本版书的发行、自办部分专业书的发行以及在书店设特约经销等,通常许多有较高科学价值但出版数量较少的书刊通过这种方式发行。

6.中国国际图书贸易总公司。

又称"中国出版物中心",即原中国国际书店。它专门经营国内书刊的出口业务,是中国出版物面向世界的一个窗口。它与世界170多个国家和地区的近千家代销书店建立了业务联系,每年出口书刊达3000多万册,为增进中国和世界各国人民的相互了解起了巨大的作用。

7.中国图书进出口总公司。

中国图书进出口总公司是国家科委领导下的专门负责引进国外书刊文献的贸易机构。

从建国初到1963年,我国的书刊进口和国内发行由中国国际书店及各地外文书店承担。进口的书刊以苏联、东欧、朝鲜、越南、蒙古等国为主,资本主义国家的书刊则采取委托代办的方式进口。从1964年起,外文书刊进口工作交由新组建的中国外文书店负责,国际书店不再办理进口业务。1973年,外文书店与新华书店外文发行所合并,成立中国图书进口公司。1981年,又因兼营少量书刊出口业务,改名中国图书进出口总公司,但始终以进口书刊为主。

中国图书进出口总公司的主要任务是负责调查、了解、汇总国内各单位的需要,制定计划,有目的地引进和供应国外书刊资料,并负责影印出版有价值的外文书刊,协调全国外文书刊的布局等。中图公司现在同世界上100多个国家和地区的出版社、书商以及学术研究机构有业务往来,在国内外设有若干分支机构,并通过全国各地的外文书店开展外文书刊的收订和发行业务。目前,中图公司每年引进自然科学、社会科学各类的图书、期刊、特种文献等70000多种,1500多万件。特别是自1985年起,中图公司改变了过去计划分配外汇额度的做法,对各单位购买外文书刊不加外汇限制,使中图公司保持了全国外文书刊引进、发行主渠道的地位,吸引了越来越多的订户。

8. 中国教育图书进出口公司。

近年来,随着我国改革开放的深入及教育事业的发展,高等学校图书馆以各种渠道获得的购书外汇数额不断增加,引进的外文原版期刊也越来越多,目前已占全国引进书刊的2/5左右。为了把高校书刊引进工作与书刊开发利用工作有机地结合起来,以形成本系统内一个完整的体系,经有关部门批准,国家教委于1987年正式组建了中国教育图书进出口公司,专门负责教育系统书刊的进出口业务。该公司作为国家教委直属的外贸企业,以"全心全意为教育系统服务"为宗旨,坚持"依靠学校、服务学校"、"优质微利"、"少花钱、多买书、买好书"的经营方针和原则,建立了自己的发行系统。现在教图公司已在全国大中城市建立了41个转运站,同国外100多家出版商和书商建立了贸易关系和业务往来,大大方便了高校图书馆的外文图书采购工作,受到教育系统的普遍欢迎。

9. 邮局。

邮局是我国正式出版报刊的最重要发行机构。由于邮政部门是全国性也是国际性的全程、全网信息及实物的传递系统,具有点多、面广、线长、四通八达、联系千家万户的特点和优势,作为全国性报刊发行主要渠道,对准确、迅速、安全、方便地完成报刊发行任务有着十分优越的主客观条件。

解放前,我国的邮政部门不办理报刊发行工作。新中国建立以后,为了统一和加强我国报刊的发行工作,1952年12月国家有关部门做出了《关于改进出版物发行工作的联合决定》,规定从1953年1月1日起,国内公开出版的报刊,由邮局负责总发行,实行"邮发合一"的方针。到1984年,通过邮局发行的报刊达3198种,期发数28797.2万份。现在,邮局以及各代办点每年都办理报刊的征订业务,订期由订户自行决定,邮局负责按期将所订报刊送到订户,非常方便。

　　为了满足各种读者的需要,邮局还开办了报刊零售业务,建立了许多报刊门市部和报亭,并留出一定比例的报刊供零售。报刊零售作为报刊发行的重要方式之一,具有机动、灵活、方便的特点。近年来邮政部门还利用社会力量办发行,支持、帮助建立了大量集体和个体的报刊零售点及投送点,使报刊的发行工作在全国城乡迅速、全面地发展起来。

　　需要指出的是,我国现在还有许多报刊,特别是内部报刊,不通过邮局征订发行,由其编辑部自行征订和分发,交邮局寄送。由于这种报刊的发行不列入邮局发行计划之内,因此不能看成通过邮政渠道发行,而只能作为编辑部自办发行。

第三节　外国主要出版机构

一、外国出版机构的类型与特征

　　国外凡从事出版活动的机构,即使一年只出版一、二种书刊,但只要获得该国政府的许可,都可以被称为出版社。根据1982年联邦德国绍尔公司出版的《国际出版社指南》统计,世界五大洲152个国家及地区共有各种类型出版社126606家,其中大部分集中在北美、欧洲和日本等经济比较发达的国家。

　　国外出版社主要有以下几种类型:

　　1.综合性出版社。

　　这类出版社大多历史悠久,规模较大,拥有雄厚的编辑出版力量,出版的图书、期刊包括自然科学、社会科学各个门类。它们的业务范围十分广阔,除在本国设立总部外,还往往在其他国家设立分公司或代理机构,广泛地吸引和组织世界各地著名的作家、科学家为其撰稿,因而出版的书刊质量较高。比较著名的如美国的威利出版公司、学术出版社,英国的培加蒙出版社,联邦德国的施普林格出版公司,荷兰的艾尔塞维尔出版公司等。

2. 专业出版社。

这类出版社出版的书刊内容限于一定学科范围之内,一般只出版某一学科或某几类学科的书刊。它们的规模都不太大,但出版的书刊却具有较高的科学、学术价值,受到许多专业读者的重视。如美国专门出版数学书刊的数学出版社,英国专门出版石油、化工等书刊的应用科学出版社等。

3. 参考工具书出版社。

这类出版社以专门出版各种类型的参考工具书为主要任务,包括出版各种字典、词典、手册、百科全书、书目、索引等。如负责修订出版《不列颠百科全书》的美国不列颠百科全书出版公司,专门出版书业方面工具书的英国怀特克出版公司,专门出版各种词典的法国拉鲁斯出版社等。

4. 教科书出版社。

这类出版社以出版大专院校的教科书为主,同时也出版一些有较高参考、研究价值的专著,如美国的利顿教育出版公司等。

5. 大学出版社。

世界上各知名大学一般都有自己的出版社。这种出版社不同于一般商业出版社,不以盈利为主要目的,不专门出版大学的教科书,而主要出版本校专家教授的学术著作,同时也接受一些社会上高质量的来稿,因而出版的图书有较高的学术价值。这类出版社比较著名的有美国的哈佛大学出版社、斯坦福大学出版社,英国的牛津大学出版社、剑桥大学出版社,日本的东京大学出版社等。

6. 政府出版机构。

这是各国政府部门设立的专门负责出版政府文件的出版机构。由于政府出版物的出版量大,涉及面广,有些文件资料还有保密性质,一般不由民间出版社来出版,而只能由专门的政府出版机构出版。如美国政府出版局、英国皇家出版局,就是专门负责该国政府出版物出版、发行的机构。

7.学术团体出版机构。

现在世界上有许多学术团体,如学会、协会、研究中心、实验中心等,有国际性的,也有地区性和全国性的。它们的主要活动之一是经常举办学术会议,交流科学研究的成果。这种学术交流必然要产生大量的文献资料,于是一些大型学术团体也相应设立了出版部门,大量出版会议文献、科技报告、学科专论、标准资料、工具书及技术资料汇编等。由于学术团体出版物内容基本上是最新科学技术的讨论与研究,论述全面专深,有较高学术水平,因而很受科研人员的重视。不过,学术团体出版物品种虽多,但印量却有一定限制,一般也不再版,搜集起来比较困难。

总之,尽管世界各国的出版社数以十万计,但按照以上分类,真正具有出书质量高、出版信誉好等特点的出版社不满1000家。其余大部分出版社都是一些起伏不定的"皮包出版商",有的一年出不了几本书,有的几年才出一本书。

我国在引进国外书刊时,一般以英、美、法、德、日、苏、荷兰等国的出版物为主。因为这几个国家是世界出版界公认的出版事业比较先进、出版物质量较高的国家。

二、国外著名出版社简介

1.美国。

美国现有各种类型出版社5000多家,每年出版新书5万种以上。在这些出版社中,资金雄厚、编辑出版力量较强、出书质量较高的有:

威利父子公司(John Wiley and Sons Inc.):它是美国最大的综合性出版社之一,1807年创建于纽约。该公司每年出版新书800

种左右,期刊 30 余种,其内容包括生命科学(农业、生物等)、医学、化学、物理、数学、地球科学、能源科学、工程技术、管理科学、心理学、社会学、教育学、经济学、政治学等 16 个大类。出版物种类有:专著、丛书、连续出版物、论文集和各种工具书,学术价值都比较高。该公司现在英国、加拿大、丹麦、澳大利亚、日本、印度、墨西哥、巴西等国设有分公司或联营书店,从 50 年代起就与我国建立了贸易关系。

麦格劳·希尔出版公司(McGraw – Hill):该公司创办于1888 年,现在是美国最大的出版集团。它在国内拥有十多个子公司,在国外设有十多家分公司,其业务活动遍及 18 个国家和地区。该公司综合出版各学科门类的图书,特别是各种类型工具书的出版质量较高。它还在全世界销售美国的视听材料及其他教育器材。

普兰蒂斯·霍尔公司(Prentice – Hall, Inc.):这是美国又一家规模较大的综合性出版社,主要出版农业、生物、化学、地球科学、应用数学、计算机科学、建筑工程、电子工程、机械工程等方面的文献。该公司特别以出版较高质量的教科书而闻名于世,被公认为世界上出版大学教科书最主要和最有影响的出版社之一。

诺伊斯数据公司(Noyes Data):它是 60 年代建立的科学技术出版社,尽管它的历史短,规模小,经营范围专,但它作为美国出版界的后起之秀,已引起人们的普遍关注。该公司出版的图书,集中在能源、化工、石油、环境科学、海洋技术等尖端学科的研究方面,出版图书不依靠社会撰稿,而是本公司精通专业知识的各学科专家自己选题,撰写文章,自编自校,综合汇编成某一专题综论丛书,最后打字影印出版。因此它出版的图书情报价值高,传递速度快,很有特色。

学术出版社(Academic Press):这个出版社主要出版各门学科

的学术著作,尤其是它出版的生物、化学、数学、物理、地学等基础理论著作具有很高的学术水平。它还出版大套的学科进展丛书(Advances in⋯⋯),对科学研究很有参考价值。由于该出版社出版物质量高,在国际书业界很有影响,被列为国际性的出版社之一。

除了以上介绍的一些出版社外,美国还有一些很有特色的出版社。如主要出版学术会议文献的普兰内公司(Plenum Press);致力于出版各国诺贝尔奖获得者著作的杜威出版社(Dover Publication);专门出版各种参考工具书的盖尔公司(Gale)和鲍克公司(Bowker)等。

2.英国。

英国是资本主义国家中出版事业比较发达的国家之一,现有出版社2900余家,每年出版新书5.7万余种。其著名的出版社有:

培加蒙出版社(Pergam on Press):该出版社1949年在伦敦开业,1951年改为现名。它是一个国际性的科学、技术、医学和教育出版社,以出版科技书刊为主,尤以出版生物、医学各学科的书刊居多,其次是数理科学、工程技术、地球、宇航、冶金和材料科学等。出版物的类型有图书、期刊和一些国家的政府出版物及60余个国际组织、学术机构和团体的出版物,还出版一些国际会议的会议文献、公司企业的技术报告等。该出版社在17个国家和地区设有分支机构或代办处,书刊的对外发行量占出版量的50%以上。由于它大量出版各国著名学者的学术著作,且出版很有系统、规律,出版物质量高,所以在国际出版界享有很高的声誉。

麦克米伦出版公司(MacMillan Press, Ltd.):该公司创办于1845年,是一个综合性的出版社。它主要出版自然科学、应用科学、社会科学、管理科学和生命科学各学科门类的书刊,出版物质量具有较高的水平。

朗曼集团公司（Longman Group，Ltd.）：该公司创建于1724年，目前是英国最大的出版社之一。它主要出版化学、地理、地质、数学、物理、工程技术、生物、经济、历史等学科门类的文献。该公司在世界14个国家和地区设有分支或代理机构，是一个国际性的出版机构。

牛津大学出版社（Oxford Univ. Press）和剑桥大学出版社（Cambridge Univ. Press）：这是英国两家历史悠久、出版量大、出版质量高的出版社。牛津大学出版社至今已有500多年的历史，现已发展成在全世界20个国家及地区设有分支机构的大型国际性出版社；剑桥大学出版社则是于1921年在剑桥出版社的基础上建立的，现在也发展为大型国际性的出版社，在国外设置了许多分支机构，仅在国外的雇员就达1000人以上。这两家出版社都是综合性出版社，但牛津大学出版社出版的古典哲学、文学和艺术著作以及语言工具书比较著名，而剑桥大学出版社则以历史、经济、企业管理、数学、生物学方面的书刊比较著名。

3. 联邦德国。

联邦德国的出版事业有较好的基础，目前是西欧各国中出版业最发达的国家。据1983年的统计，联邦德国共有2500余家出版社，每年出版图书近6万种，尤其是该国出版的各种科技期刊颇具特色，受到世界各国的重视。

施普林格出版社（Springer）：这是联邦德国规模最大的综合性出版社，创立于1842年。在世界出版业中，它以出版品种多、学术水平高而极富盛誉。它每年出版各类图书650多种，期刊160多种，主要内容包括医学、心理学、生物学、数学、物理学、化学、地球科学、电子计算机、工程技术、经济、法律和哲学等学科。它在连续出版物的出版方面也很有系统，如它出版的《数学讲演集》（Lecture Note in Mathematics）、《物理学讲演集》（Lecture Note in Physics）等各学科讲演集，就是专门收录各种学术会议上的发言或专题报告,集中反映该学科前沿的研究情况,对科学研究很有参考价值。此外,作为国际性的出版社,它出版的各种文献,约60%以上是用英文出版。现在该社在全世界十多个国家和地区设立了分支机构和代理机构,其书刊发行网遍布全世界。

绍尔出版社(K. G. Saur):它是国际图书馆协会联合会、国际档案理事会两个机构文献的出版者,是欧洲主要的图书馆工具书出版社。每年出版新书400余种,缩微文献20多种,期刊10多种。它所出版的文献约有一半是用英语出版,并且70%的文献用于出口。

4. 法国。

法国的出版业不及美英诸国发达,尽管全国有2700家左右的出版社,但其中绝大部分是期刊出版社、学协会出版社及“皮包商”小型出版社,经常出书的出版社不过500余家。法国出版社在经营上基本处于自由竞争状态。政府一般不干预出版活动,而只起一定的指导作用。现在法国每年出版各类图书29000种左右,其中以文学书和百科全书较有特点。法国的著名出版社有:

博尔达·杜诺·戈基埃—维拉尔公司(Bards, Dunod, Gauthier-Uillars):这是法国目前最大的科技出版社之一,由博尔达公司、杜诺公司和戈基埃—维拉尔公司于1971年合并而成。博尔达公司成立于1945年,以出版教科书为主;而杜诺公司成立于1791年,以出版工具书为主;戈基埃—维拉尔公司成立于1863年,以出版理科书籍为主。在激烈的竞争中,后两家老资格的公司被前者所吞并,一时成为法国科技界和出版界的一大新闻。目前,该公司在国外设有十多个分支机构和联营机构,成为有名的跨国出版公司。

马松出版社(Masson et Cie):这是法国一家历史较久的出版社,一直以出版医学图书为主。近十多年来,开始出版其他科技图书和社科图书,逐渐成为一家较大的综合性出版社。该社出版物的内容包括天文、天体物理、化学、计算机技术、数学、力学、物理、生命科学等,尤其重视基础科学和尖端学科领域文献的出版。此外,它还出版各种会议文献、丛书、便览、手册等大套图书及词汇、索引等工具书。

法国大学出版社(Presses Universitaires de France):该社成立于1921年,是一个从出版、印刷到发行各项业务合一的机构。它主要出版科学技术、法律、经济等学科的图书,还出版期刊、丛书、年鉴、词典等,其文献出版量居法国第二位。

拉鲁斯出版社(Larousse):该社有150多年的历史,是法国资格最老的出版社之一。该社主要出版各种百科全书、词典等工具书,在世界上享有较高声誉。

5. 日本。

日本的出版业非常发达,全国共有各种规模的出版社4000多家,号称资本主义世界的"出版王国"。但是日本的出版社大都是小本经营,历史较短,绝大多数是第二次世界大战后建立的,具有百年以上历史的目前仅有丸善书店一家。由于日本是一个新兴的资本主义国家,非常重视科学技术情报的引进和消化。反映在书刊出版业方面,就是翻译国外文献多,选题和出版都很快。近年来,比较重视出版各种全集、丛书、文库本,百科全书和辞典的出版也比较多。现在日本每年出版图书3万余种,各种报刊1.8万种。

日刊工业新闻社:成立于1946年,是日本较大的科技出版社,主要出版工程技术方面的书刊,每年出书70余种,期刊10余种,书刊质量较高。

丸善书店:成立于1869年,是日本历史最长的出版社。它是一家综合性的科技出版社,出版的书刊主要摘自英美原版科技书刊,包含许多尖端技术情报,质量较高。

岩波书店:成立于1913年,是日本较大的社科图书出版社。每年出版新书300多种,再版书2000多种,内容包括社会科学的各个门类。同时,它还出版大量工具书,在日本出版界享有一定声誉。

除上述外,日本还有一些比较著名的出版社,如主要出版理工书刊的技报堂、共立出版社、朝仓书店;主要出版社科图书的平凡社、中央公论社;主要出版工具书的三省堂、东京堂;主要出版医学书刊的南山堂、医齿药出版株式会社;主要出版农业书刊的养贤堂等。

6. 荷兰。

荷兰是西欧一个较小的国家,但它的出版事业十分活跃,非常发达,在国际出版业中享有很高声誉。荷兰全国约有 500 家出版社,大多数规模较小,每年能出书 10 种以上的不过百余家。仅 10 家最大的出版社出版的图书就占了全国出书总数的 60%。荷兰的出版业面向世界,每年出版 1.5 万种图书,其中很大一部分是在国外销售的。

荷兰目前有两大科学出版集团,一个是以埃尔塞维尔出版社为主的埃尔塞维尔联合科学出版集团(Elsevier Associated scientific Publishers),一个是以克吕威尔出版社为主的克吕威尔学术出版集团(Kluwer Academic Publishers Group)。埃尔塞维尔出版社建于 1880 年,到本世纪 50 年代,已经发展成为世界上最大的科学出版社。70 年代初,荷兰另两家享有盛誉的出版社,北荷出版社(North Holland)和医学文摘出版社(Excepta Medica)先后并入埃尔塞维尔,成为荷兰最大的出版集团。该出版集团主要出版有机化学、工艺学、物理学、数学、逻辑学、信息学、生物学、医学等方面的书刊。克吕威尔出版社建于 1889 年,1967 年前一直由克吕威尔家族经营,本世纪 70 年代以后,由于里德尔出版社(Reidal)、容克出版社(Junk)和尼霍夫出版社(Martinus Nijhoff)先后并入,使它成为荷兰第二大的出版集团。该出版集团主要出版数学、物理学、生物学、生态学、医学等学术书刊,尤以各种高级的研究丛书而著名。这两个出版集团出版的书刊,都带有国际贸易的性质,相当一部分用国际通行的英语出版,受到了世界各国科技人员的普遍欢迎。由于它们出版实力雄厚,印刷技术先进,出版物质量高,因而构成了荷兰图书贸易兴盛和占领世界图书市场的基础。

7. 苏联。

苏联也是一个出版大国,从图书出版的品种与数量看,均居世界前列。苏联全国共有230个出版社,数量虽不多,但规模都比较大,每个出版社出书量也很大。全国平均每年出版各种图书及小册子8万多种,期刊5000多种。

苏联的出版事业是由国家集中管理的,各出版社根据专业分工有计划地出版图书,中央和各加盟共和国、州都有不同专业的出版社。其中著名的有:科学出版社、化学出版社、无线电出版社、和平出版社、百科全书出版社、军事出版社等。

科学出版社是苏联最大的出版社之一,每年出版图书在2000种以上,主要是科研成果汇编、学术会议文集、参考工具书和各学科的专著、译著等;苏联百科全书出版社是全苏最大的工具书出版社,从1925年创建以来,已出版近600卷百科全书,在世界上很有影响;苏联军事出版社成立于1919年,主要出版军事方面的图书,每年约出版2500余种,在苏联出版界中居于重要的地位。

苏联出版的各类图书,按其数量多少可以排成这样的序列:①社会科学图书;②科学技术图书;③文学作品和儿童读物;④艺术图书;⑤语言图书;⑥翻译图书。苏联图书出版事业是很有特色的。

第四节　外国书刊发行渠道及发行方式

国外的书刊发行渠道及发行方式,同我国有相似之处,也有不同之处。大多数国家书刊发行的基本宗旨都是:尽一切可能,以最快的速度、最好的质量使书刊与读者见面。尤其在当今世界图书销售市场激烈竞争的环境中,各书刊发行机构更是讲究信誉,力争以最好的服务吸引买主。他们不拘发行形式,尽量减少流通环节,方便读者购买书刊,取得了很好的经济效益。

尽管国外的书刊发行方式五花八门,但归结起来,主要有以下几种渠道:

一、出版社自办发行

国外一些比较大型的出版社,大多自己负责书刊的发行工作,是出版、印刷、发行合一的联合企业。这种形式的书刊发行,供需直接见面,没有中间流通环节,买方直接向出版社订货,出版社直接向买方发货,使书刊发行速度加快,而且还能使买方享受一定比例的购书折扣。

出版社自办发行有两种形式,一种是自办零售,一种是自办批发。

1.出版社自办书刊零售、邮购业务。

这种形式可以看作是出版社直接对读者销售书刊的发行渠道。通常由出版社设立专门的发行机构,负责销售本社出版的书刊。如苏联的科学出版社,在苏联各大中城市开办了30多个综合科技书店,直接向读者零售该社出版的书刊;美国的威利父子公司,其设在纽约的总公司有专门的发行部,在国外的分公司有各种联营书店和代销书店,直接负责本公司出版书刊的销售。

由于出版社自设门市部销售书刊的数量非常有限,而且要占用相当多的人力,因此更多的出版社一般只自办邮购,而不设门市零售图书。

但是也有一些国家的出版社,如法国、日本、联邦德国的出版社,一般不通过自办零售和邮购的方式发行图书。他们认为这样做会损害零售书店的利益。他们认为:要扩大自己的业务,就要依靠众多的零售书店。因此他们从各方面与零售书店加强联系,通过书店扩大其书刊的销售。

2. 出版社直接向零售书店和读者俱乐部供应图书。

这种形式可以看作是出版社自行办理书刊批发业务的发行渠道,因为这种发行方式不通过批发商这个中间环节。法国和美国的出版社大多通过这种渠道发行图书,而法国的9000多家零售书店,美国的2万多家零售书店,也大部分是直接从出版社进货。通常出版社每出一种新书,就派出很多人,带上样书到各地的零售书店宣传推销;有的出版社还给零售书店以优惠的折扣或采用分期付款的办法来鼓励零售书店多销售本社出版的书刊。由于出版社直接向零售书店批发图书,退货率比通过批发商要低得多。因此许多出版社都乐于采用这种方式发行图书。一些比较小的出版社因人力不足,资金缺乏,声望不高,无力同众多的零售书店建立批发关系,也仍然委托大出版社代理批发自己出版的书刊。

在国外,许多国家都建立有以读书活动为中心的群众团体,如读者俱乐部、图书俱乐部、读书会等。这类群众团体除了开展各种读书活动外,还为出版社代销图书。这种代销图书的方式也属于出版社自办发行的一种形式。由于读者俱乐部的成员人数众多,又来自于不同阶层、不同工作单位,他们除自己大量购书外,对帮助出版社推销图书也很积极,能量很大。仅荷兰各出版社,通过各种读者俱乐部销售的书刊就占了总销售量的24%;英国各出版社通过30余个读书会销售的书刊,也占了总销售量的6%。特别是读者俱乐部对各种图书进行的宣传、评介活动,相当于直接为有关出版社及其出版物做广告,在书刊发行工作中能起很大作用。因而现在各国大多数出版社都很支持这类群众团体的活动,并把它们当作一条重要的书刊发行渠道。

二、批发商、代理商发行

出版社通过批发商或代理商,把本社出版的书刊批发给零售书店销售,或接受购书人的订货,代理出版社发行图书。这种方式是世界各国较常采用的书刊发行渠道。由于国外许多中小型出版社本身没有发行力量或缺少仓储空间,书刊出版后不得不委托代理机构帮助发行。这样,批发商、代理商就成了出版社与零售书店、出版社与买主之间的中介人,在书刊发行中起着重要的作用。

批发商和代理商的业务是:接受零售书店或买主的零星订购单,汇总后提交给有关出版社;储存各出版社出版的书刊,及时向零售书店和买主提供现货;通报、交流图书出版、销售信息,扩大书刊发行。通常一些较大的批发商和代理商,同时负责许多家出版社的书刊发行工作,通过他们订购书刊,效率较高,省时省力,减少了与各出版社的多头联系。如果能和这些批发商、代理商建立长期的联系,且每次购书达到一定数量,邮购图书还可以免缴邮费。但是通过批发商、代理商购书,大多数情况下需缴纳一笔可观的手续费,这是一个很大的不足。

现在,世界各国都有一些大型的书刊批发商、代理商,他们经营书刊的种类非常广泛,代理的出版社也很多,在书刊发行中占有重要的地位。如日本的日本出版贩卖株式会社(简称"日贩")和东京出版贩卖株式会社(简称"东贩")就是两家日本最大的书刊批发代理商,它们发行的书刊占日本全国书刊发行总量的70%以上。仅"日贩"就代理了2500余家出版社的发行业务,与8000多家零售书店有批发关系。而美国最大的批发代理商贝克·泰勒图书公司(Baker &Taylor Co.),则同国内外上千家出版社、几千家书店有业务往来,还接受2万多个图书馆的订购书单,办理书刊的邮购业务。该公司库存各类图书25万种,达1000万册,零售书店或其他买主可以利用订单、电话、电脑等方式订购书刊。通常在发货单开出后24小时内，书刊就能配好发出，效率非常高。再如英国具有百年以上历史的书刊代理商布赖克威尔公司（Blackwells），代理了英国所有出版社的书刊发行，它在美国的一个分公司，还专门负责发行北美的书刊。目前该公司在全世界已拥有15万个邮购代办订户，每年收到订单达40万张，发出邮件达100万份，在国际上享有较高的声誉。它通过邮购代办的方式向全世界的读者供应由商业出版社、大学出版社，学术团体、政府部门及国际组织等单位公开出版发行的书刊，既可以接受各国书商和图书馆的零星委托订货，也可以根据图书馆提出的主题与学科类别主动及时地供应新出版的书刊，还能够为各国读者办理连续出版物的长期订购业务。该公司的许多业务工作现都已采用了电子计算机管理，因而通过它订购书刊能够做到既迅速又准确。

三、零售书店（书商）发行

在国外，大多数零售书店都是由一些专门经营书刊贸易的书商开办的，因而书业界、书商和零售书店经常可以合在一起谈论。

在各国的书刊发行渠道中，零售书店始终是基本的渠道。无论是"出版社——零售书店——读者"的发行体制，还是"出版社——批发代理商——零售书店——读者"的发行体制，零售书店都处于举足轻重的地位，大量的书刊必须通过它们才能到达读者手中。

目前国外的零售书店，主要朝两个方向发展。一方面是小型书店向着专业书店过渡，另一方面是大型书店向更大规模的图书超级市场转化。尤其是这些"超级"书店，依靠自己雄厚的资金、宽敞的营业店堂、丰富的库存书刊，保持着书刊贸易竞争的优势，吸引了大量的读者。日本的八重洲图书中心和三省堂书店，法国的弗纳克书店（FNAC），加拿大的"世界最大书店"（World's Biggest Bookstore），美国的波恩斯·诺贝尔书店（Bornes & Nobel）等，都是世界著名的超级书店。其中设在纽约的波恩斯·诺贝尔书店是世界上最大的零售书店之一，总营业面积达 4000 平方米以上，出售的书刊在 20 万种、400 万册以上，常年以书刊定价九折优惠吸引读者；同时它还设有一个特价图书部，将滞销书标以"一元书"（Book for burk）的标签降价出售，其他的超级书店也大都用这种方法销售图书，靠薄利多销赢利。这使得其他小书店无法与之竞争。

国外的零售书店大部分规模都很小，而且分布十分密集，飞机场、火车站、长途汽车站、超级市场等都设有书店。小书店一般只销售流行杂志和商业性很强的图书，对图书馆补充藏书作用不大。但有一些富有特色的专业化书店，却很受欢迎。如美国华盛顿有一家悉德尼·卡拉梅书店（Sidney Kramer），尽管面积只有 800 平方米，备书才 2 万种，但它以国会和政府工作人员为主要销售对象，专门供应各种政治、军事、外交、法律、经济等专业书籍，使它也在竞争中站住了脚。

与此同时，国外还出现了由若干个零售书店共同组织起来的联合书店，称为"连锁书店"，它们联合经营，使用相同的一个店名。这种组织起来的书店网络，从客观上促进了图书发行的社会化，有利于书刊的销售服务。由于连锁书店能对其所属的各零售书店实行统一管理，并逐步开始采用电子计算机从事业务活动，加强了书店之间的联系，因而可以最大限度地满足读者购书的需要。如美国最大的连锁书店沃尔登书店（Walden），至 1986 年 10 月，就已拥有 1000 家分店，目前美国出版的各种商业性书刊，1/10 以上是由它销售的；加拿大的"第一流书店"（classic Bookshops），也有近 500 家分店，分布在全国各地，在加拿大的书刊零售业中占有重要地位。显然，联营化、网络化使许多零售书店增强了竞争能力，书刊经营业务愈加发达。

但是，大多数零售书店一般都只在国内售书，不承办书刊出口业务;只有少数大型书店和专业书店能够办理邮购业务。

苏联及东欧国家的图书对外贸易与西方国家不同,不是任何发行单位都可以进行,而是由国家统一管理,由专门机构负责经营。如苏联的苏联国际图书联合公司,就是全苏唯一负责书刊进出口贸易的机构,所有苏联出口的图书都由它经销。

以上介绍了国外的书刊发行渠道。但需要注意的是,就一个国家而言,几乎没有只采用一种渠道进行书刊发行的情况,总是同时采用多种渠道;而就一家出版社而言,也总是寻找多种渠道发行,以使尽快将自己出版的书刊销售出去。因此,我们应该根据具体情况,全面分析各种书刊发行方式的利弊,灵活地选择不同的发行渠道获取书刊文献。

第四章　图书馆藏书补充的原则和范围

第一节　图书馆藏书补充的原则

各种类型、各种层次级别的图书馆,在进行藏书补充工作时,都应遵循一定的原则。这些原则,不是人们主观意志的产物,而是藏书建设客观规律的反映。它不仅符合藏书自身发展的需要,也符合社会上广大读者对图书馆藏书提出的要求。

一、针对性原则

现代图书馆不是藏书楼,它收藏的文献资料不是为了保存和欣赏,而是为了满足社会的需要。因此,图书馆补充的每一种文献都不应该是盲目的,而应该是有目的的,即有针对性的。因而有人把针对性原则称为实用性原则、目的性原则。提出这一原则,是为了解决日益增长的读者需求和完全满足其需求的可能性之间的矛盾。而这种矛盾,正是图书馆藏书发展的动力。

所谓藏书补充的针对性,主要是指针对图书馆的专业方向、针对图书馆的服务对象、针对图书馆的具体任务和时限。

1.针对图书馆的专业方向。

不同图书馆的性质,决定着不同图书馆的专业方向,或者是综合性的,或者是理工科的、医科的、农林科学的,或者是人文、社会科学的。不同的专业方向,要求补充不同专业的文献资料。只有这样,才能使本馆的藏书与本馆的性质相一致,担负起本馆承担的任务。

2.针对图书馆的服务对象。

各种类型的图书馆都有自己特定的读者对象,图书馆藏书的目的,就是要满足他们的需要,即图书馆藏书和读者需求要相符合。保加利亚的图书馆学家 M. 斯坦切夫用数学公式表述了这一规律:$f_1 : f_2 : f_3 \cdots\cdots f_n \cong q_1 : q_2 : q_3 \cdots\cdots q_n$。其中 f_1、f_2 $\cdots\cdots f_n$ 是图书馆藏书的各组成部分,q_1、q_2 $\cdots\cdots q_n$ 是图书馆不同读者群的不同需求,$\cong$是相符的符号。这一相符合理论,是现代图书馆藏书补充理论的基础之一。

我们知道,在图书馆众多的读者对象中,存在着主流读者群,如高等院校图书馆的教师、学生,科研图书馆的科研人员,大众图书馆的工人、农民和其他群众等。不同读者对象的知识水平不同,对文献的需求也不一样。因此,图书馆藏书补充必须针对本馆特定读者的需要。

为使藏书成分、结构能与读者需求协调一致,要求图书馆对其读者的需要及其阅读兴趣的变化有深刻的了解。一方面,图书馆藏书补充要以多方面的读者需求为依据,以扩大图书馆的作用面;另一方面,图书馆藏书补充又不能盲目服从于需求,以免降低图书馆作用的质量。

3.针对图书馆的具体任务和时限。

图书馆在每一个具体的时期都有具体的任务,这些任务经常在发生着变化。为了保证这些任务的完成,图书馆要力争向读者提供最新、最急需的文献。为此,藏书补充必须针对图书馆的具体任务和时限,及时把有关文献搜集起来,使藏书成为科研、生产任务的"尖兵"、"耳目"。

以上三者是互相依赖、互相补充的。缺少任何一方面都会给藏书建设带来损失。如果没有专业方向,就不可能有明确的藏书补充方向;而专业方向的确定,又要考虑到服务对象的需要,如果不针对服务对象的需要,收集来的文献就没有人利用;如果在藏书补充时不考虑图书馆的任务和需要的时间,则收集来的文献就会失去情报价值,图书馆的功能也得不到发挥。

二、系统性原则

图书馆的丰富藏书是一个科学的知识体系。它是经过逐年累月的补充、日久天长的积累而形成的,杂乱无章的堆积,是不能形成藏书体系的。坚持藏书补充的系统性原则,是建设高质量藏书体系的重要保证。

藏书补充的系统性,表现在以下三个方面:

1. 藏书补充要注意内容的完整和学科之间的内在联系。

图书馆藏书体系从内容上看,包括纵横两个方面。从纵向系统看,要求图书馆补充的各专业藏书在内容上保持本学科内在的历史延续性和完整性,要能反映出本学科发展变化的过程,反映出人的认识从低级到高级的发展过程。对于需要入藏的工具书、丛书、多卷书和期刊等,要保持完整无缺,不要随意中断。从横向系统看,要求图书馆补充的所有藏书能反映出各门学科之间互相交叉、互相联系的关系,各学科、各类型藏书之间要保持合理的比例。要注意相关学科、边缘学科文献的收集,使图书馆藏书成为一个有专有博、有主有从的知识体系。

2. 藏书补充要突出重点,体现出本馆的特点。

一般来说,不同类型、不同级别的图书馆,藏书的补充应有不同的特点。任何图书馆都不可能也不必要入藏社会上的所有文献,只能根据本馆担负的任务及本馆读者的具体需要,将某些学科、专业或专题范围的文献作为重点藏书加以收藏。收藏重点应经过充分的调查研究和周密的考虑之后确定,而重点一经确定,就要从各方面予以保证。

3. 藏书补充既要满足当前需要,又要预见未来的需要。

由于现代科学发展迅速,新的学科不断出现,这就必然导致图书馆的任务和读者的阅读兴趣不断发展和变化。因此,图书馆藏书补充不仅要考虑现实的需要,还要预见到未来发展的需要。要努力通过为读者选择和提供各种新兴学科、相关学科的文献,来发展读者的兴趣,促进读者需求的增长。

三、特色化与协调性原则

藏书补充的特色化,就是藏书的专业化。它是对单个图书馆入藏文献主题的有意限制。特色化意味着对各馆藏书补充采取有区别的态度,使各馆有可能根据本馆各方面的特点,最大限度地使自己的藏书在内容上与结构上接近本馆读者的真正需求。

然而,读者的需求又是多种多样的,藏书专门化的进程越快,它就越不能从广阔的角度和多样化的方面向读者介绍人类活动各领域的一切科学成就。因此,就必然要求各图书馆之间实行藏书补充的协调。藏书特色化与藏书协调相结合,才能产生最大的社会效益和经济效益。

藏书补充协调,实质上是把各级各类图书馆看成一个整体,有目的地在各图书馆间实行藏书补充的分工合作。它意味着在有关部门的统筹规划或在各图书馆协商的基础上,制定藏书分工入藏的方针,规定各馆藏书补充的责任与范围,使不同学科、不同主题或不同类型的文献由不同图书馆分担收藏,某些罕用而昂贵的资料合作采购,通过馆际互借实现资源共享,以避免各图书馆藏书不必要的重复,并以最少的花费获取充分的文献资源。

藏书补充特色化与协调性的原则,一是要使各级各类图书馆在藏书整体布局的要求下,建立自己有特色、有重点的专门化藏书体系,满足本馆读者大部分的情报需求;二是要使各地区、各系统直至全国范围内整体图书馆群,建立起统一的、完整的综合性藏书体系,满足整个社会的所有文献需求。

显然,藏书补充特色化与协调性之间存在着辩证统一的关系。藏书特色化是藏书补充协调的基础,如果各馆藏书的特色不明确,各馆分工入藏的范围不确定,图书馆藏书补充协调就无法进行。反之,如果没有藏书补充协调来作为各馆满足读者需要的手段和本馆藏书的后盾,则藏书的特色化就失去了意义。

四、经济性原则

勤俭建国、勤俭办一切事业是我们进行社会主义建设的基本原则,也是指导藏书补充工作的一条重要原则。我国是一个发展中的国家,人口多、底子薄、经济还不十分发达,因此这条原则是根据我国国情提出来的。坚持经济性原则,要求我们在补充藏书时,精打细算、认真选择,不盲目采购,不错购、漏购、重购,让有限的经费发挥更大的作用。

图书馆的经费总是有限的,如何发挥有限的财力,达到满意的藏书补充效果呢? 这就必须利用经济性的原则,来处理选书问题。经济性的选书原则,应体现在以下几个方面:

1. 最大效用的经济原则。

各类型图书馆都应该以有限的财力,选购能满足本馆读者需求的书籍,以发挥财力的最大效用。在公共图书馆中,应尽量选择广大群众能接受的一般性书籍,减少选购有专深知识的书籍;而在专门图书馆中则反之,新颖而专深的科学书籍,远比普及性的通俗读物更重要。

2. 边际效用的经济原则。

对于复本的购置及同一类图书的添置,首先要了解馆藏情况,研究藏书总量中各类图书数量的分配以及质量的分配,如重要参考书、重要文献是否具备等;再以阅览部门的借阅及参考统计,计算某一类书的使用量是否与馆藏量成正比。某些类图书出借量少,是因为馆藏量少,因此,出借量少的书籍,不一定不选购,出借量大的书籍也不一定非要添购,要注意边际效用的问题。

3. 均等效用的经济原则。

对于购书费用的分配,应保持一个公平而较有弹性的标准。对于本馆的读者需要,要从均等效用的角度加以考虑,对于汰旧换新亦需同等重视。购换一册淘汰本的旧书,其效用不比增添一册新版图书低。均等效用原则的应用,可使图书馆的藏书真正地充实而丰富起来,并达到"每位读者有其书,每册书有其读者"的最佳状态。

4. 剩余效用的经济原则。

在图书馆工作中,复本书籍的交换是一种剩余价值的运用,所产生的效用有时也是很大的,不可不予以注意。某馆认为应剔除的复本,对于另一馆往往大有用处。

第二节　各类型图书馆藏书补充的范围

一、国家图书馆藏书补充的范围

1. 采访方针。

国家图书馆的藏书采访方针,是由国家图书馆的性质和职能决定的。根据联合国教科文组织 1970 年通过的《关于图书馆统计国际标准的建议》规定,国家图书馆是"负责收集和保存本国所有重要的出版物,并担负国家总书库职能的图书馆。正常情况下,国家图书馆还履行以下几项职能:出版国家书目;拥有一个丰富的外文馆藏(包括有关本国的外文图书);作为国家书目情报中心,编制联合目录,出版回溯性国家书目"。显然,作为国家总书库的国家图书馆,应该成为各级各类图书馆的后盾,其藏书采访方针应该是"兼收并蓄,全面入藏";"国内求全,国外求精"。

2. 藏书特点。

国家图书馆的藏书应该具有以下特点:

(1)综合性。我国的国家图书馆是综合性的公共图书馆,担负着为中央党、政、军领导机关和国家重点科研、生产服务的任务,它还要成为各级各类图书馆查找文献的最后基地。因此它的藏书必然是综合性的,从内容和形式上看都应该是多种多样的。对于各学科的文献,国家图书馆都要努力收集。

(2)知识性、学术性、参考性。国家图书馆的藏书要包括全部有价值的人类活动的记录,注重文献的知识性、学术性和参考性,不单纯追求藏书的流通率。只要某一文献有参考价值,无论其读者多少都应该收藏。

(3)先进性。国家图书馆利用自己所处的地位,通过各种来源渠道,收集到的文献资料比其他图书馆更快、更先进。

(4)贮备性。国家图书馆是国家总书库,它不仅要接收国内出版物的呈缴本,还要为其他图书馆提供边缘学科的文献和其他不常用的文献。因而必须系统地保存所有入藏的文献资料,在剔除藏书方面比其他图书馆更为审慎。

3. 藏书范围。

国家图书馆的藏书范围十分广泛,包括了哲学、自然科学、社会科学、数学科学、系统科学、思维科学、人体科学、文学艺术和军事科学等全部人类知识领域的内容。但是,对于具体的文献,国家图书馆在入藏时又是有所区分的。北京图书馆藏书补充的范围,分为四个级别:

(1)全面采集:国内出版的各种出版物、马列主义经典著作及国外研究中国的各种出版物应完整收藏。

(2)着重采集:各知识门类的出版物,特别是各学科的主要著作、主要参考工具书,要重点入藏;中国古籍文献和革命文献,也要重点入藏。

（3）适当采集：各国出版的文艺读物、科普读物等大众性出版物，选择少量优秀的予以入藏。

（4）不宜采集：各种少年儿童读物、中小学教科书及其他与本馆方针、任务无关的出版物，一般不予采集入藏。

二、省级公共图书馆藏书补充的范围

1. 采访方针。

文化部颁布的《省（自治区、市）图书馆工作条例》规定：省馆是"综合性的公共图书馆"，"是向社会公众提供图书阅读和知识咨询服务的学术性机构，是全省的藏书，图书馆目录和图书馆间协作、协调及业务研究、交流的中心"。根据省馆的这一性质，省级公共图书馆应该通过多种途径，有计划、有重点地补充馆藏，逐步形成具有地方特色、适合当地读者需要的藏书体系。具体地说，省馆藏书采访方针是：本省（自治区、市）的正式出版物和有关本地区的地方文献资料尽全收集，其他中外文文献选择收集，"本省求全，外省求精"。

2. 藏书特点。

省馆藏书最明显的特点是它的综合性和地方性。

（1）综合性。综合性是省级公共图书馆藏书的基本特点，贯穿于省馆藏书建设的全过程之中，因为：

①从图书馆的性质看，省馆是综合性的图书馆，因而藏书必须具有综合性。

②从图书馆的职能看，省馆担负着传递科技情报、进行社会教育、保存本地区出版物、为科研和大众服务的多种职能，同其他类型图书馆相比，省馆的任务具有明显的多样性和广泛性。因而只有使藏书具有综合性，才能适应所承担的任务。

③从图书馆的读者成分看，省馆面向社会公开开放，读者成分

复杂,不同职业、不同年龄、不同文化水平的读者对文献的需求各不一样,因而省馆藏书必须具有综合性,才能满足各类读者的需要。

④从图书馆所处的地位看,省馆应是本省(自治区、市)的藏书中心,也是当地图书馆之间的书刊协作中心。这种中心地位要求省馆在藏书的品种、门类、数量等方面都能在本地区处于领先地位,为其他类型图书馆"拾遗补缺"。其藏书内容不求专深,但求广泛。因而只有保持藏书的综合性,才能使省馆承担起"中心"的任务。

那么,应该怎样理解省馆藏书的综合性呢? 综合性包括书刊内容的广泛性和书刊形式的多样性两个方面。具体地说,作为省馆藏书,各种学科、各种形式、各种载体、正反两方面的资料都要有选择地收集。在内容和形式方面,由于文献内容的学科属性是文献的本质属性,是认识、确认、选择文献的主要依据;而形式和载体只是文献内容得以存在的条件,是文献的非本质属性。所以二者相比,前者是最基本的。实现省馆藏书的综合性,应该主要从内容的综合性入手,在考虑内容的前提下,再考虑形式和载体等其他因素。

(2)地方性。由于省级公共图书馆总是存在于一个特定的地区,而省馆所在的每个地区总有各自的地区特点,因而这个特点就成为省馆藏书所应反映的重要特点。

省级公共图书馆是为本省(自治区、市)的社会主义建设事业服务的,其藏书必须以此为前提,努力收集适合本地区工农业生产和科学研究需要的文献,而不是盲目入藏,这是省馆藏书具有地方性特点的一个方面;另一方面,省馆藏书的重要内容之一,是全面收集本省(自治区、市)的地方文献,这就构成了省馆藏书地方性的最显著特点。由于省馆藏书范围广,内容多,大多数藏书都可能和其他类型图书馆的藏书相重复,显示不出自己的特殊性。唯有全面、系统地收藏本省的出版物、本省作者的著作及对本省人、事、物进行研究的著作,才是其他任何图书馆所不具备的特点。

3. 藏书范围。

省馆藏书的综合性及地方性特点,是考虑省馆藏书范围的前提。

由于省馆同时担负着为科研、生产和为广大群众服务的任务,而以为科研、生产服务为主要任务。因此要求省馆藏书不仅要有广度,也要有一定的深度,既要有数量要求,也要有质量的要求。

一般地说,省级公共图书馆的藏书范围应该包括:

(1)马列主义经典著作、党和国家领导人的著作要完整地收藏。

(2)党和政府的指导性文件,包括决议、报告和各种法律文件要系统地收藏。

(3)哲学、社会科学、自然科学等各知识门类的基本著作,各学术流派的代表性著作,反映各门学科最新成就的著作应系统地收藏。

(4)地方国民经济发展和科学研究所需的各学科门类的文献要重点收藏。

(5)各种参考工具书,包括百科全书、字典辞典、手册年鉴、书目资料等要全面收藏。

(6)地方文献,包括方志、地方名人著作、地方出版物以及反映本地区历史、地理、自然条件和自然资源的文献要完整收藏。

三、高等学校图书馆藏书补充的范围

1. 采访方针。

国家教育委员会颁布的《普通高等学校图书馆规程》明确规定:"高等学校图书馆是学校的文献情报中心,是为教学和科学研究服务的学术性机构。"《规程》要求各高等学校图书馆"根据学校

教学和科学研究的需要及馆藏基础,通过多种途径,有计划、有重点地补充国内外书刊资料,逐步形成具有本校专业特色的藏书体系"。为了达到这个目标,高校图书馆的藏书采访方针应该是:以教学科研用书为主,兼顾课外阅读的需要。

2. 藏书特点。

高校图书馆的主要任务是为本校的教学和科研服务,这就决定了它的藏书必须和本校所设的专业及其承担的教学、科研任务相适应。根据高校图书馆藏书的作用和读者使用的特点,我们可以把高校图书馆的藏书分为三种类型:教学用书、科研用书和课外阅读用书。三种类型的藏书都有其各自的特点。

(1)教学用书。主要指在各门课程的教学过程中,教师给学生指定的必须阅读的主要参考书和一般参考书。它们在使用上有如下特点:

①规定性强。教学参考书通常从书名、作者到版本都有明确、具体的要求,即使内容相同的文献一般也不能互相代替。

②规律性强。教学参考书的使用和教学内容、教学环节紧密结合,读者随着教学过程的进行而对它们提出需求。

③复本率高。教学参考书的使用人数和使用时间比较集中,必须配备较多的复本才能满足需要。

(2)科研用书。主要指师生在进行科学研究时所需参考或查找的各种文献资料。它们的特点是:

①全面系统。围绕高校承担的研究项目或研究课题而准备的科研用书,从内容和形式上看都比较全面和系统。既有与本学科、本课题直接有关的文献资料,又有与本学科、本课题间接相关的文献资料;既有正面的,也有反面的反映各种学派和观点的文献资料;既有现实的文献资料,也有历史性的文献资料。

②范围广、种类多、数量大。科研用书分散在各种类型的文献中,一般要查找多种检索工具才能把它们集中起来。

③种多册少。科研用书一般不需要复本,但要求文献资料的品种尽可能齐全。

（3）课外阅读用书。主要指师生为提高政治思想觉悟、扩大知识面、丰富文化生活,使德、智、体、美全面发展而使用的各种文献,其特点是:

①读者对这类文献的要求主要是教育意义大、知识性强、艺术水平高、富有感染力。因而图书馆对它们进行了认真的选择。

②由于读者的兴趣、爱好不同,使用这类文献的随机因素很大,难以掌握规律,因而它们的入藏范围十分广泛,以便满足读者的不同需要。

③读者使用课外阅读用书,不同于教学用书有很强的规定性,也不同于科研用书有很强的针对性,而具有较大的灵活性,往往可以用内容或题材相同的文献来替换。

高校图书馆三种类型的藏书既有各自的特点,彼此间又相互联系,特别是教学参考书和科研用书不能截然分开。所以我们按三种类型组织藏书时,必须注意到它们之间的联系。

3.藏书范围。

高校图书馆的藏书补充范围很难有一个固定的模式。从总体看,高校图书馆的藏书范围应以本校系(科)、专业设置为中心,围绕有关的教学、科研任务来收集各种类型的具有较高学术水平的文献和其他普及性、娱乐性课外读物。具体地说,高校图书馆的藏书范围应是:

（1）教学参考书系统入藏。根据学生现实使用人数,按照公共基础课、专业基础课、专业必修课、专业选修课等不同课程层次,系统地收集有关教材、教学参考书和实习用书,并按照各类教学参考书的出版数量和内容质量,配备必要的复本,以形成学校教学参考书体系。教学参考书以中文书刊为主,适当选择少量外文书刊。

（2）科研用书重点入藏。凡是与学校科研任务有关的文献资料都要重点入藏,包括中外文的文献。在文献类型上,应包括图书、期刊、内部资料和其他连续出版物。特别要注意入藏各种有关的参考工具书和检索工具书。

（3）课外阅读用书全面广泛地选择入藏。这类书包括政治理论、思想修养、道德法纪、科学普及、文学艺术、社会生活等方面,内容广泛,形式多样,是师生们共同需要的藏书。要在保证教学用书和科研用书的基础上,尽可能全面、广泛地选择那些有教育意义、知识性强、艺术水平高的书刊入藏。

（4）本校的出版物完整收藏。作为高校图书情报资料中心,高校图书馆有责任完整收藏本校的一切出版物,包括本校编印的讲义、教材、参考资料、教学大纲、教学计划、科研规划、论文集、学报、校刊,本校教学和科研人员的论文、专著、译著,学生的学位论文、毕业论文以及本校人员参加国内外考察、学术交流的材料等。

四、科学专业图书馆藏书补充的范围

1. 采访方针。

科学专业图书馆通常是指那些藏书具有学科专门化和专门为科学研究读者群服务的图书馆。在我国,人们通常把中国科学院系统的图书馆和其他科研系统的图书馆称为科学专业图书馆。科学专业图书馆是直接为其所属的科研机构服务的,其工作本身就是科学研究工作的组成部分。因此,科学专业图书馆的藏书采访方针应该是:紧密结合本系统、本单位的研究方向和研究任务,重点收藏有关学科和相关学科的国内外科技文献,有选择地收藏其他学科的文献,"专业和相关专业求全,其他专业求精"。

2. 藏书特点。

由于科学专业图书馆一般都是存在于某一机构内或附属于某一研究单位,因而它的服务对象比较单一,读者的文献需要也比较稳定和集中。其藏书的基本特点是学科的专业性,藏书体现出所在单位的专业性质,本专业及相关专业的文献收藏相当完整、齐全。同时专业图书馆的藏书情报性也很强,国内外出版的期刊、特种文献收藏所占比例很大,加上藏书新陈代谢频繁,藏书中情报含量较高。

3.藏书范围。

科学专业图书馆的藏书,从文献形式上看应是多种多样、类型齐全。除图书专著外,应重点收藏国内外期刊及各种特种文献资料,不仅要收藏传统的印刷型文献,还要注意收藏缩微、视听和机读文献;从文献内容上看应是专业突出、完整系统。除全面收藏有关专业的基本理论著作外,还要收藏论述该学科发展历史及有关方法、设备、材料和工艺等方面的文献资料,也要注意收藏新兴学科、边缘学科的代表性著作。具体来说,科学专业图书馆的藏书范围应是:

(1)本专业中外文图书、期刊和特种文献完整、系统地收藏。

(2)相关学科的文献资料重点收藏。

(3)有关学科的经典著作和科技史料重点收藏。

(4)有关学科的参考工具书和检索文献资料全面收藏。

(5)其他学科基本理论著作选择收藏。

第三节　藏书补充标准

一、藏书补充标准的意义

所谓藏书补充标准,是指图书馆对本馆入藏的文献,按其文种、类型和学科门类所作的复本量的规定。

确定入藏标准,是藏书补充工作的一项重要内容。它是藏书补充工作人员确定某种书的入藏复本量的重要依据之一。规定一定的补充标准,可使这项业务工作程式化、标准化,从而节省工作人员的时间和精力,有利于提高工作效率。

二、确定藏书补充标准的依据

确定藏书补充标准要考虑一系列因素,其主要依据是:

1.本馆的性质。综合性图书馆与专业性图书馆性质不同,其藏书补充标准也不尽相同。

2.读者的数量。读者需要量大的文献,入藏的复本量大,标准高;反之,入藏量小,标准低。

3.藏书类型。一般来说,重点藏书入藏量较大,复本较多,标准较高;而一般藏书则复本较少,标准较低。

4.本馆藏书的利用情况。根据现有藏书的利用情况,对那些利用人数较多的学科门类的藏书应规定较高的标准;反之,则规定较低的标准。

5.本馆的发展规划。根据本馆已定的发展规划来确定藏书补充标准。本馆的发展受整个社会系统所制约,如高等学校图书馆受其所在学校发展规划的制约。因此,还要根据本馆所在社会系统的发展规划来确定藏书补充标准。

此外,确定藏书补充标准还要考虑现有馆舍条件、藏书年增长量及增长速度等因素。

三、确定藏书补充标准的方法

1.按文献的类型。如图书、期刊、报纸,以及线装书、特种文献资料、缩微资料、视听资料等,需要入藏的则规定一定的标准。不同类型的文献应分别规定不同的标准。

2.按文种。一般来说,通用文种的文献入藏标准较高,罕用文种的文献入藏标准较低,外文文献较中文文献入藏标准要低。

3.按学科门类。这是确定入藏标准的一种主要方法,但这种方法主要用于确定图书的入藏标准。在确定补充标准时,对学科门类的划分不宜过粗,过粗难以遵循,反失去划分的意义;但也不宜划分过细,过细则适应不了学科的发展变化。一般来说,细分不超过所使用的图书分类法的大类目;粗分则可将几个类目合并成一大类。这种方法对大中小型图书馆都是适用的。

4.按一定比例。如高等学校图书馆的教学参考书,有些馆按1:4 或 1:6(即每 4 人或 6 人 1 册)的比例入藏。这是确定藏书补充标准的一种重要方法,但比例的确定,应根据各馆的经费、馆舍、读者数量等具体情况。

第五章　图书馆藏书补充计划

第一节　计划的意义和种类

一、计划的意义

为使藏书补充工作有计划地进行,必须根据藏书补充的原则、范围、标准,依据调查研究得到的各种资料,制定藏书补充计划。

计划就是对今后一段时间工作所做的安排、打算、规定,也是一定时期内工作的具体目标、具体任务以及为实现这些目标、任务所需的具体方法和步骤。藏书补充计划是图书馆进行藏书补充工作的具体指导文件。有了计划,才能使从事藏书采访工作的人员有条不紊地开展工作,避免采访工作的盲目性,从而合理地使用购书经费,科学地分配各种文献的采购比例及复本数量,正确地决定文献的取舍,保证藏书的质量,杜绝藏书补充的"大起大落"。因此,制定出一个好的藏书补充计划,是做好藏书补充工作的重要保证之一。

二、计划的种类

藏书补充计划按不同的划分方法,有以下几种类型:

1. 按时间划分的藏书补充计划,包括长期计划、中短期计划、临时计划。

（1）长期计划。指一年以上的计划,常有三年计划、五年计划等,主要用于确定图书馆的藏书发展方向和最终结果,是对图书馆藏书补充的宏观控制。

（2）中短期计划。指年度、季度、月度计划,特点是内容具体,包括各类文献的补充数量、经费分配数字、执行计划的方法步骤等,主要用于藏书补充的微观管理。

（3）临时计划,又称应变计划。通常是在图书馆的工作任务或图书馆的购书经费发生突然变化、文献出版发行状况出现较大差异时所采取的计划。

2.按应用范围划分的藏书补充计划,包括分类或主题计划、新建藏书计划、藏书补缺计划等。

（1）分类或主题计划。指按文献的学科内容、语种、出版形式、读者对象及具体用途来进行藏书补充的计划。这种计划常按图书分类法来划分学科或主题,并结合其他因素,分别定出各类文献的补充数量。

（2）新建藏书计划。主要指新创办的图书馆补充核心书刊的计划和有一定规模的图书馆为建立新的特别藏书、专门藏书而制定的计划。

（3）藏书补缺计划。指根据图书馆现有藏书状况,为提高和完善藏书质量的专门补充计划及为补充馆藏中残缺不全的多卷书、丛书、工具书、期刊、连续出版物和急需或热门书刊而制定的计划。

3.按文献获取方式划分的藏书补充计划,包括购置计划、交换计划、征集计划和其他方式的补充计划。

4.按藏书性质划分的藏书补充计划,包括核心书刊补充计划、辅助藏书及相关文献补充计划、扩大阅读或娱乐用书刊补充计划、特藏文献补充计划、教学参考书补充计划等。

总之,长期的藏书补充计划必须依靠中短期计划逐渐地体现出来,而中短期计划又必须从长期计划出发,不能随心所欲。至于分类主题计划、新建藏书计划、藏书补缺计划和其他藏书补充计划,都要正确地与长期的和中短期的藏书补充计划结合起来,才能保证图书馆顺利地完成藏书补充任务。

三、计划的依据

图书馆藏书补充计划不是凭空产生的,它要以下列各项材料为基本依据:

1.党和政府的方针、政策与一定时期工作的中心任务。如当前的中心任务是改革开放、搞活经济、发展生产力,这就应该成为图书馆藏书补充计划的重要主题。

2.社会政治、经济、军事、文化、教育、科学的发展趋势。

3.本地区、本系统、本单位的性质、特点、中心任务及发展方向。

4.实际调查所获得的第一手资料,包括文献出版发行状况、读者对文献的需求状况、馆藏原有基础等。

5.本馆过去执行藏书补充计划的情况。上一年的藏书补充工作总结是新的藏书补充计划的重要参考材料。因为在总结报告中指出了以往工作的成绩,也指出了缺点和不足,并且提出了改进的办法,对原藏书补充计划是否制定得合理进行了评价。因此,在制定新的藏书补充计划时,认真考虑以往的经验教训是很有意义的。

6.购书经费、人力、设备、藏书空间。这是制约藏书发展的客观因素,整个藏书补充工作都要在其制约下进行。

7.馆际协作协调的现状和发展趋势。在制定计划时,要把本馆藏书补充工作纳入本地区、本系统的藏书体系中去考虑,优先保证本馆分工范围内文献的入藏,并尽量减少与协作馆的不必要的重复入藏。

第二节　藏书补充年度计划

藏书补充年度计划是藏书补充工作的实施计划。在图书馆实际工作中,它是最重要的计划之一。

一、年度计划的编制程序

藏书补充的年度计划,通常在每年的第四季度制定,即当年编制下一年的计划。它要结合图书馆的当前需要、年度工时总量、文献出版的实际情况和用于补充藏书的拨款金额而决定计划的内容及各项指标。根据图书馆的规模,藏书补充年度计划可以是独立的文件,也可以是图书馆年度计划的一部分。

编制藏书补充年度计划的程序是:

1. 整理并分析有关调查材料和前期总结资料。

2. 根据本馆该年度的主要工作任务,提出藏书补充的整体要求。

3. 按文献补充的来源与类型,计算分配各季度的藏书补充费用。

4. 根据全年工作日和采访工作人员数量,计算总工时,并依定额安排完成各项工作任务的工时,使之与藏书补充的总工作量相平衡。

5. 编成计划草案,提交有关人员讨论、修改。

6. 送上级机关审批。

二、年度计划的内容

构成藏书补充年度计划的内容包括:

1. 本年度藏书补充工作的总任务与总要求,即图书馆藏书应该达到的目标。

2.本年度入藏文献的重点和范围。

3.有关国内外书刊资料的类型、文种、载体等收集的范围。

4.各类文献复本量的规定。

5.各种类型、各门学科、各种文字文献资料采集的经费分配比例。

6.完成计划的方法、步骤、措施。

7.其他有关事项。

藏书补充年度计划并不要求详细确定图书馆藏书采访部门的日常工作措施,这是季度计划和月计划的任务。

季度计划和月计划使年度计划的内容具体化,它按季、按月把藏书补充的所有工作尽可能全地列出,把完成的期限和由谁负责执行都具体规定出来,使藏书补充工作有章可循,责任明确。

年度计划应定期检查,年终要进行总结,认真找出完成或没有完成的原因,有哪些经验教训,以利改进工作。

三、年度计划实例

以下是某医科大学图书馆藏书补充年度计划的实例,可供参考。

××医科大学图书馆 1988 年藏书补充计划

我馆是医学专业的中型图书馆,现有藏书45万册(含期刊合订本)。根据我校的发展规划,将要成为拥有6个专业、3个研究所、2所附属医院,教职工1500人、医护人员1200人、本科生3000人、研究生400人的综合性医学院校。图书馆不仅要成为为学校教学、科研服务的学术性机构,还要承担资源共享的义务,作为全省的医学藏书中心向全省的医务人员开放。因此,本馆1988年藏书补充的任务是:密切配合学校的教学、科研、医疗任务,进一步发展具有本校专业特色的藏书,努力满足校内外读者的需要。

考虑到读者的实际需要及书刊价格上涨的因素,1988年我馆藏书补充仍以印刷型文献为主,其内容范围如下:

1.中文图书。马列主义经典著作、党和政府的文件以及各种思想教育读物按需要购置;中央和各省地方出版社出版的医学图书完整收集,以前缺藏的重要文献要设法补购;与医学有关的图书重点收集,其他学科的图书有选择地收集。做到既节约经费,又保证重点藏书完整。

2.外文图书。以英、日文图书为补充重点,兼顾德、法、俄文图书。原版外文书重点补充肾脏、心血管、肿瘤、毒物学等方面内容的文献,一般不购复本;光华出版社影印的外文医学图书全面购置,并设少量复本,以适应学生提高专业外语水平的需要。外文图书除外语读物外,其他非医学专业的文献要减少订购。

3.期刊。为配合编制医学期刊索引,对中文医学期刊继续重点收集,力求完备。对建国后出版的中文医学期刊要通过征集或复制的方法补齐;同时要注意补充与医学相关学科的期刊及优秀的文学艺术期刊。外文原版期刊继续保持去年的210种,以保证有关肾脏疾病和心血管疾病外文期刊的完整。外文影印期刊根据教学、科研的需要订购,与专业无关或关系不大的期刊一律停订。

1988年书刊补充要求达到下列指标:

中文图书20000册(其中医学占60%,自然科学20%,社会科学10%,文学艺术10%)。

外文原版图书1500册(其中医学占95%,其他5%)。

外文影印图书5000册(其中医学占80%)。

中文期刊2500种(其中医学占30%,自然科学占30%,社会科学25%,文学艺术15%)。

外文原版期刊210种(其中医学占100%)。

外文影印期刊400种(其中医学占70%,自然科学25%,社会科学5%)。

1988年藏书补充经费预算为50万元,其具体分配如下:中文图书占13%,外文原版图书占40%,外文影印图书占8%,外文原版期刊占25%,外文影印期刊占6%,中文期刊占8%。

为保证1988年藏书补充工作顺利完成,需采取下列措施:

1.建立图书采访委员会,加强对外文书刊采购的审查,避免盲目性。

2.加强与出版社和书店的联系,对医学图书实行全面预订制度,避免需要的书买不到,需要的复本配不全。同时尽量减少书店的主动发货,使不在采购范围的书不进馆、少进馆。

3. 为解决各地出版的医学图书容易漏订的问题,除广泛收集各种出版信息外,委托各省兄弟院校图书馆协助代购。

4. 完善专家选书制度,定期请专业教研室圈选图书。

5. 扩大书刊交换的范围,加强国际交换,克服经费不足的困难。

6. 进一步建立、健全本校出版物的呈缴制度,鼓励教师、科研人员向图书馆缴送自己编写的专著、论文、教材及参加学术会议取得的文献资料。

××医科大学图书馆采编部

1987 年 11 月 21 日

第三节　藏书结构规范

一、藏书结构的含义

对于“结构”这个词,现在人们都不感到陌生。它指的是“组成事物的各成分之间的相互配合、组织和联系”。然而在科学领域中有目的地开展对事物结构的研究,历史并不很长。在社会科学研究领域内引入“结构”这个概念,更是本世纪以后才出现的事。研究事物的结构,揭示事物的本质,探寻事物的联系,使科学研究进入了一个新的层次。

70 年代后期以来,美国图书馆界提出了图书馆藏书结构这一概念。它有力地促进了藏书建设实践活动向科学化、规范化方向前进,给藏书建设理论增添了新的重要内容。这一理论自 80 年代初引入我国,在图书馆界引起了强烈反响。

所谓藏书结构,是指图书馆藏书体系中,不同藏书成分、不同学科内容、不同收藏水平的藏书之间互相依赖、互相制约、互相结合的方式。它反映着藏书体系各部分的组织形式及相互关系,规定着不同学科、类型、水平的文献在藏书体系中各自占有的比例。实质上,它是根据图书馆的性质、任务和读者对象,人为设计的一个符合图书馆藏书发展规律的藏书体系框架。有人称之为藏书发展的蓝图。

藏书结构理论的意义,在于它通过对藏书各部分知识载体的有机组合,共同实现藏书的整体功能;它摒弃了对个别文献是否入藏的斤斤计较,而是对藏书进行整体设计、整体控制,使图书馆藏书能最大限度地发挥作用。

二、藏书结构剖析

图书馆藏书体系具有多维、立体网状结构,它包括学科、水平、时间、文种、类型等多方面的内容。这些构成因素本身的不同组合,使藏书结构得以具体化。分析藏书结构的各个方面,有助于我们建立科学的藏书结构模式。

1.学科结构。

按文献的内容进行分类,所有文献都从属于某一个学科。一级学科有三大学科、五大学科、七大学科、九大学科等多种说法,二级学科则包含了几十个学科,再往下还可以分出几百个到二千多个小的分支学科。每个图书馆,无论是综合性的,还是多科性、专科性的,都要收藏一定学科范围内的文献。因此,按文献内容的学科类别区分藏书,是设计藏书结构的基础。

2.等级(水平)结构。

按照文献内容的科学文化水平,图书馆藏书的各部分可划分为不同的等级:初等水平、中等水平、高等水平,分别适合于不同水平读者阅读。各级各类图书馆收藏的文献,都应有不同级别,既能满足读者研究的需要,也能满足读者学习进修的需要,还要能满足读者了解其他学科、扩大知识面的需要。

美国图书馆界对图书馆收藏的文献,规定了五个级别,并分别

限定了入藏的范围。针对我国图书馆的现状和读者情况,参考美国的做法,我国图书馆的藏书等级可以按如下标准划分:

甲级(完整级):努力收集专题领域的所有知识记录,不管其内容的水平、文种、出版形式、著作形式如何,以收集齐全为准。如鲁迅纪念馆收藏所有的鲁迅著作和鲁迅研究资料,要力求达到这个级别。显然,这一级藏书学科单一,范围小,在藏书中所占比例不大,属于图书馆的特藏。

乙级(研究级):这级藏书以满足独立研究的需要为目标,因而必须收集该专业领域内各种不同学派的有代表性的全部著作,包括主要外国文种的著作、论文集、会议录、期刊、特种文献等。为科研机构的研究项目服务或为高等学校培养研究生服务的藏书,应达到这个级别。显然,在图书馆中,这级藏书包含学科较多,现实读者也较多,使用比较分散,要求藏书品种多,复本少。

丙级(大学级):这级藏书以满足大学生和个人自学大学课程的需要为目标,应当收集全部基础著作,重要著者写的全套著作和有关评论,优秀教科书、参考书、工具书、书目资料及范围比较广泛的基础期刊。一般来说,科研单位与研究项目相关的学科藏书、大专院校的各专业藏书,以及其他帮助读者自学大学课程的图书馆的藏书,都应达到这个水平。通常在各图书馆中,这级藏书学科范围广泛,读者多,使用也相对集中,要求藏书不仅品种多,复本量也大。

丁级(基础级):这级藏书是经过精选的藏书,以介绍人们认识不同的专题领域为目标。包括公认的代表作家的基本著作、基础教科书、参考书、书目资料、代表性的期刊。原则上不收外文书刊。这级藏书学科最广泛,读者也最多。但它属图书馆的非重点藏书,因而藏书数量较少。

戊级(最低级):这级藏书是指图书馆藏书范围之外的专题领域,只选收少量最基本的著作或工具书,以备不时之需。由于它是图书馆藏书范围以外的部分,因而它在整个藏书中所占比例最低。

需要指出的是,五级藏书的划分,是针对整个图书馆的藏书而言的,不限于同类学科文献的划分。显然,正确地划分藏书等级,并确定各级藏书的范围,是设计藏书结构的核心。

3. 时间结构。

图书馆收藏的各种文献。是在不同的时间内出版的,不仅有最近几年出版的,也有十几年前、几十年前出版的,有的图书馆还有古代出版的。藏书的这种时间结构反映了人类科学文化知识源远流长、继承发展的关系。图书馆藏书包含各个不同年代的文献,不仅能满足读者获取最新知识情报的现实需求,还能满足读者系统查询知识情报的回溯性需求。图书馆藏书的系统性和保存性,在时间结构中得到了很好的反映。

4. 文种结构。

图书馆藏书按其使用的文种划分,有中文藏书、外文藏书、少数民族语言文字藏书等类型。在各种大中型图书馆和科学专业图书馆,其藏书都是由多种文字的文献构成的。各图书馆根据本馆承担的任务、经费和读者掌握语种的熟练程度,分别规定各文种文献的入藏比例。通常在科研、教学读者较多的图书馆,外文藏书的比例较高,约占全馆藏书的 15—40%。在外文藏书中,英文藏书所占比例最高,大多数图书馆都在 50% 以上,其他文种如俄文、日文、德文、法文的文献,也各占一定的比例。藏书的文种结构,反映了图书馆藏书从多方面满足读者需求的能力以及对社会文献信息覆盖的程度。

5. 类型结构。

图书馆藏书是由不同出版形式、不同知识载体的各种文献构成的,既有图书、期刊、特种文献资料,也有缩微资料、视听资料、机读资料等。各种类型的藏书在传递、交流知识情报方面都有其各自的特点,它们相互依赖、相互补充,共同满足读者的文献需要。

图书馆应当根据各类文献的特点和读者的实际需要,正确地规定各类型文献的入藏比例,以多样化的丰富馆藏向读者提供最新、最全的文献情报。

三、藏书结构规范

由于藏书结构受图书馆性质、任务和读者需求的制约,因而不可能有一个固定的适合于所有图书馆的模式。但是,我们可以通过对文献学科范围、等级水平、语言文种、出版时间、出版物类型等五个要素的分析,采用规范化的形式,对整个藏书结构进行规划和设计。

为了设计上的方便,我们先要用不同的代码符号来表示以上五个要素所包含的内容。

1.学科代码。通常可以用《中国图书馆图书分类法(简表)》的二级类目代码来表示,也可以根据需要合并或进一步细分,如图书馆学用 G25 来代表。

2.等级代码。用甲、乙、丙、丁、戊分别代表图书馆藏书五个不同的收藏级别:完整级、研究级、大学级、基础级、最低级。

3.时间代码。通常仍以公元纪年标志为代码,如 1980 表示 1980 年。如需收集 1980 年前的文献,则记作←1980;如果要收集 1980 年以后的文献,则记作 1980→;如果是收集 1980 年到 1985 年间的文献,则记作 1980→1985。

4.文种代码。可按《世界语种代码》国家标准的有关规定实行,如汉语 Z,英语 E,法语 F,德语 D,日语 N,俄语 R,西班牙语 S,葡萄牙语 P 等。另外用 W 表示各种实用语种。

5.类型代码。文献的类型代码可简单地用 10 个大类概括:00 图书(包括 01 教科书,02 专著,03 会议文集等);10 期刊、报纸;20 资料(包括 21 政府出版物,22 研究报告,科技报告,23 学位论文,24 内部交流资料等);30 技术标准文献(包括 31 专利文献,32 标准文献,33 产品目录和说明书等);40 古籍(包括 41 善本书,42 一般线装书等);50 图谱(包括 51 地图,52 乐谱等);60 档案资料;70 检索类文献;80 新型载体资料(包括 81 缩微资料,82 声像资料,83 录音资料,84 光盘资料等);90 全部实用的文献类型。

根据图书馆的性质和入藏文献的学科范围,采用五级结构的框架和文献的时间、文种、类型代码,我们就可以编制图书馆藏书结构表了。

下面是某图书馆藏书结构表的样式(部分):

××图书馆藏书结构表

入藏文献学科	入藏级别	文种结构	时间结构	文献类型
⋮	⋮	⋮		
O_1	甲	W	1930→	90
O_2	乙	Z、E、D、N	1960→	00,10,20
O_3	丙	Z、E	1965→	00,10
…	…	…	…	…

这种藏书结构表可以很清楚地指导藏书采访人员进行藏书补充工作,把抽象的藏书补充方针和原则具体化,任何人都容易遵照执行,不易产生误解。同时,各图书馆的藏书结构表合起来,就成为某地区、某系统甚至全国的文献资源分布一览表。藏书结构表是馆际文献资源共享的一种参考工具,并为有关部门规划整体的藏书资源布局提供了重要依据。

第六章 图书馆藏书补充的组织与方法

第一节 藏书补充调查

一、藏书补充调查的意义

为了做好图书馆的藏书补充工作,必须要有充分的调查材料作依据,并对这些材料进行分析研究,以便全面地、正确地确定藏书补充政策。只有经常地了解和掌握本馆读者的需求情况、文献来源情况和馆藏原有基础情况,才能对藏书的选择获得规律性的认识,避免脱离实际的盲目入藏,使图书馆选择入藏的文献具有较强的针对性和实用性。

我们知道,藏书的补充在时间上先于读者对藏书的利用,甚至在文献出版前图书馆就要决定对它是否采集。因此,它是一项需要分析、综合各方面情况的复杂思维活动。美国图书馆学家陶伯(Maurice F. Tauber)指出:"图书采访乃是一门结合了侦察员、外交家及商人三方面才能的艺术",这十分形象地说明了藏书补充工作的复杂性。

开展藏书补充的调查研究,可以使我们对图书馆的全局做到心中有数,从大的方面确定哪些文献应该入藏,哪些文献不该入藏,使图书馆选择入藏的文献在预计的时间内最大限度地获得读者的积极利用,减少图书馆藏书形成过程中的失误和偏差。

二、调查的内容与对象

藏书补充调查的内容与对象,应是所有与藏书补充工作有关的事物和因素。这样才能使藏书补充工作得到充分的相关信息。通常,藏书补充调查包括以下三方面的内容:

1. 读者需求的调查。

图书馆建设藏书的目的,是为了使读者能方便地利用文献资料,因此对各类读者的各种需求都应尽可能深入地了解。

图书馆的读者,按照其文化水平、工作职业、兴趣爱好、研究专业、生活习惯、心理素质,总是可以分为许多读者群,不同的读者群对文献资料的需求和利用有不同的特点。而不同的读者构成,要求图书馆的藏书构成也不相同。另一方面,随着时间的推移,图书馆读者的构成可能发生变化,读者的需求也可能发生变化。因此,读者需求调查不仅要掌握现实的情况,还要通过研究、分析,掌握潜在的、未来的情况。

在进行读者需求调查时,要注意区分重点读者和一般读者的需求差异,以重点读者为主,兼顾其他方面的读者。

2. 文献来源的调查。

现代文献出版的数量大,种类多,来源十分广泛。图书馆要广辟书源,多渠道、多方式地进行文献收集补充工作,就必须对文献的各种来源情况进行调查。这方面的情况掌握越多,工作起来才越得心应手。

文献来源的调查,包括以下内容:

(1)了解现代文献的形式、特征及发展趋势;

(2)了解国内外主要出版机构的出版特征及出版计划;

(3)了解国内外各种学术组织、研究机构、高等院校等非出版机构的文献出版情况;

(4)了解各种文献发行机构的经营范围、经营特点和经营方式；

（5）了解其他文献的来源及获取的途径。

3.本馆藏书情况的调查。

在藏书补充过程中，还必须经常地、有计划地对馆藏基本情况进行调查，以便摸清家底，找出原有藏书的薄弱环节，有的放矢地补充各类文献。馆藏情况调查，包括藏书数量和藏书质量两方面的内容。

（1）藏书数量的调查。调查项目包括藏书总量，图书、期刊、特种文献等各类文献在藏书中所占的比例，读者的藏书保障率，各种文献的复本率等。可以从图书馆的藏书登录簿或图书馆工作总结中获取有关材料。

（2）藏书质量的调查。主要从图书馆藏书整体的科学价值上考虑，包括各学科文献的入藏比例，重点学科文献收集的系统、完整程度，满足读者需求的能力，含有最新情报的文献在藏书中的比重等。通常可利用各种书目工具特别是核心书刊目录来对照检查本馆的藏书，也可直接到书库中去调查各种文献的借阅情况。如有可能，还可以请有关专家对藏书的构成、情报价值、深浅程度作出评价。

三、藏书补充调查的方法与组织

1.实地观察法。

到被调查的对象中去，通过调查者的直接观察，得到被调查对象的初步印象，然后再反复进行分析研究，从而得到调查对象的基本情况。例如要了解读者利用缩微型文献的情况，就可以到缩微文献阅览室亲自观察什么样的读者来利用缩微文献，利用的是哪个学科的文献，他们对缩微阅读机使用的习惯程度等。这种调查方法的优点在于，可以直接解决一般调查方法所不能解决的问题，克服诸如不易计量、瞬间即逝的随机现象等带来的调查中的困难。

2.统计分析法。

通过对现象的数量方面进行统计分析来获取有关资料,取得对该现象规律性活动的认识。例如要了解某类读者的阅读情况,就可以统计一定时间内该类读者阅读的所有文献是什么,从而找出他们需求的规律。这种调查方法的优点是比较客观,可长期持续地进行,不易导致人为的较大差异。但由于图书馆现象比较复杂,这种方法仍有一定的局限性。

3.座谈访问法。

通过会议座谈或进行个别访问等信息交流方式获得第一手材料。这种调查方法能较快、较省力地获得所需的调查结果,且调查结果比较全面、有代表性。图书馆经常召开的读者座谈会,就是利用这一方法了解读者的要求和意见。

4.表格提问法。

把事先印制好的提问表格发给被调查者逐项回答,以此获得第一手材料。如图书馆在调查读者需求时,就可以用这种方法,提问读者的年龄、职业、文化程度、外语水平、需要文献的学科及类型等。这种调查方法多采用不署被调查者姓名的方式,因而被调查者多能实事求是地填写有关表格,使主观成分减少,便于详细分析调查。但它的主要缺点是不能随时反馈提问,且调查的结果很大程度上取决于调查表的设计和被调查者的心理素质、文化水平。

藏书补充调查是一项经常性的、长期的工作,因而需要进行周密的组织。一般可从以下几方面来落实调查工作的组织:

1.吸收读者参加图书馆的藏书补充工作。

常见的是在图书馆设立图书采访委员会或类似组织,吸收各方面的读者代表参加,使读者能直接对图书馆的藏书补充工作提出意见和建议,把读者中具有普遍性的意见不断地反映到藏书采访部门。

2.建立图书馆内部各单位的反馈联系。

藏书补充工作是图书馆工作的第一个环节,它不仅对后续的工作产生影响,而且也受后续工作的制约。因此,加强采访、编目、流通、典藏、参考等各个工作部门的联系,及时向采访部门反馈有关信息,是做好藏书补充工作的重要保证。

3.建立图书馆和有关文献来源机构的联系。

为了及时获得文献的出版信息,图书馆应该同国内外的出版发行机构和有关学术机构,特别是同本馆专业性质相同的机构建立直接的或间接的联系,注意搜集他们出版的文献目录及其他有关资料。最好能建立主要出版社及学术机构的资料档,将有用的信息及时记入,以便随时可以利用。

第二节 藏书选择

一、选书理论的产生和发展

选书理论是在图书馆长期的选书实践中产生和发展起来的。

早在古代藏书楼时期,图书馆的选书活动就出现了。无论是中国封建社会的藏书楼,还是欧洲的教会图书馆,都对补充的藏书进行选择。但由于当时图书馆最基本的特征是保存图书,不提供给广大读者利用,故藏书选择只是对图书版本的选择,主要目的是鉴别伪书和决定版本上的取舍。

17世纪后半叶,法国的诺岱(Gabriel Naude)写出了《关于如何创办图书馆的意见》一书。在这本书中,他较早地正式提出了图书馆藏书补充的"选择"问题,并进行了论述。他的主要观点是:

1.图书馆在补充图书时,应当充分听取具有图书知识的人们的意见;

2. 要根据民众的要求来收集图书；

3. 选书时必须注意图书最本质的东西，而不要过分追求藏书数量。

随着图书馆事业的发展，图书馆越来越向公众开放。怎样以"最少的花费给最多的读者以最好的阅读"*，成为近代图书馆追求的目标。这时的选书活动就不仅以图书本身的文化价值为依据，还要把读者的需求作为重要依据，这在当时确实是一场理论变革。

1858 年，美国的贾维特在纽约的一次图书馆会议上提出："图书的选择与藏书的发展休戚相关，图书馆的价值取决于藏书的质量。"1876 年，美国的普尔在波士顿公共图书馆会议上进一步提出："公共图书馆的基本目的是对各阶层的人提供图书。因此为了适应人们多方面的需求，在选书时不应该无视广大读者的各类需要"。他们的观点逐渐受到人们的重视。

19 世纪末、20 世纪初，图书馆藏书选择理论被美国哥伦比亚大学图书馆学系和德国哥廷根大学图书馆学系分别列入了图书馆学专业课程中，从而强调了选书理论在整个图书馆学理论体系中的地位。

与此同时，欧美各国图书馆界对选书的主要依据问题展开了激烈的争论，选书理论在争论中形成了两个不同的流派。

一派是以美国著名图书馆学家杜威（Melvil Dewey）为代表的"价值论"派。他们主张选择科学或艺术价值较高的图书文献补充图书馆藏书，不考虑读者的实际需要，仅仅以图书文献本身的科学、文化价值为选择的标准。杜威认为：图书馆藏书是作为社会中"教育的基本资源而存在的"，因此必须搜集高质量、有价值的优

---

* 1876 年，杜威（Melvil Dewey）提出："The best reading for the largest number at the least cost"。

秀图书,给读者以最多的教益。图书馆为了向读者提供最好的阅读,其藏书必须是最有价值的。在 19 世纪末以前,以文献本身价值作为藏书补充依据的观点,在选书理论中一直占有优势。

另一派是以美国的克特和普尔为代表的"需要论"派。这一派认为:"图书馆选书,应选择适应读者需要的图书",即把读者的需要作为藏书选择的依据,不强调图书文献本身的价值。他们进一步指出,图书馆应该向读者提供最好的图书,但不同的读者对"最好"的标准看法是不一样的。为谁选择最好的图书?是为经验不足的读者还是为一般的读者?是为学院的学生还是为退休的学者?因此图书馆选择最好的图书这一观点是不合理的。他们认为:读者的兴趣爱好、水平修养、年龄职业不同,阅读需求也就不同。图书馆应该根据不同读者的具体要求,选择入藏他们所需要的文献资料,而不应把图书馆员的观点强加于人。"需要论"的观点在 20 世纪初以后逐渐占了上风,图书馆藏书补充的实用性,成了藏书选择的一条原则。

实际上,我们分析一下"价值论"和"需要论",就不难发现它们都有很大的片面性。如果只追求文献本身的价值,而不考虑读者的需要,势必将大量读者拒之于图书馆外,降低藏书的利用率;反之,如果只强调读者需要,而不考虑文献本身的价值,则图书馆藏书很难达到系统、科学,最终将成为读者的尾巴。这一点,逐渐为后人所认识。

1925 年,英国图书馆学家麦戈文(Lionel Roy Mccolvin)发表了《公共图书馆选书理论》的论文*,把"需要论"的观点进一步理论化,同时吸取了"价值论"中的合理因素,使二者有机地结合起来。他的基本思想是:藏书选择是图书馆最基本的任务,优良的藏书选择能引出优良的读者服务;图书馆在选择藏书时,除了要注意

---

* Lionel Roy Mccolvin:The Theory of Book Selection for pnblic Libraries.

图书的知识价值外,更要顾及到社会对图书的需求。为此,他提出了一个纯理论的"图书选择评分法",试图从图书的知识价值和社会需求方面对图书进行综合评价,帮助图书馆决定图书的取舍。他还举了两个例子加以论证。

例一:假设一本书 A,知识价值为 10,另一本书 B,知识价值为1,两本书的社会需求都为 6,则 A 的评分为 $10 \times 6 = 60$,B 的评分为 $1 \times 6 = 6$,A > B。所以二中选一时,取 A 不取 B。

例二:假设一本书 A,知识价值为 10,另一本书 B,知识价值为1,而 A 的社会需求为 6,B 的社会需求为 72,则 A 的评分为 $10 \times 6 = 60$,B 的评分为 $1 \times 72 = 72$,A < B。所以二中选一时,取 B不取 A。

麦戈文的这一思想丰富和发展了藏书选择理论,受到了国际上很多选书专家的赞赏。这种综合选书理论构成了现代选书论的主流,许多图书馆学家都在麦戈文的基础上继续研究、探索更适用的、科学的藏书选择方法。

英国的另一位图书馆学家维拉德,在麦戈文之后提出了"社会调查选择论",主张用社会调查的方法来了解选书的社会环境和读者的需求,使藏书选择能够有的放矢。从此开创了藏书补充调查这一重要领域。

印度著名图书馆学家阮冈纳赞(S. R. Ranganathan)也明确提出选择文献出版物,要以读者使用该文献的概率大小为标准。他在《图书馆书刊选择》一书中指出:"负责图书采购的图书馆员或教师,应该注意到选购图书对于读者使用该书的概率。"阮冈纳赞认为,图书馆入藏的每一本书是否被利用,利用的程如何,是一个随机事件。但这些随机事件发生的可能性却有大小的不同。概率越大,表示图书被利用的可能性越大。图书馆必须选择那些使用概率较大的出版物。

苏联也是较早开始研究藏书选择理论的国家之一。在十月革命前后的一段时间里,巴柯洛夫斯基(А. А. Покровский)为科学地选择藏书而富有成果地研究了读者需求问题,藏书补充的计划化、集中化与特色化,图书馆藏书核心的确立,以及图书馆选书员的作用等问题,写出了一系列关于藏书选择的具有总结性质的文章。

列宁关于图书馆工作,特别是关于藏书建设方面的直接指示,对苏联的藏书选择理论有极大的影响。列宁要求图书馆完整和高效率地为读者提供藏书,这一思想得到了他的夫人克鲁普斯卡娅的积极推行。她把读者的阶级利益和社会主义建设的任务置于藏书选择的首位。她还提出了一个原则,即图书馆选择的藏书,只能是那些提供"最大的知识量,而所耗最小"的出版物。

30年代末期,选书理论在苏联得到进一步发展,出版了《图书馆藏书补充》和《技术图书馆藏书补充》等专著,系统论述了大众图书馆和科技图书馆的藏书选择问题。

70年代以后,以格里科尔耶夫(Ю. В. Григоръев)为首的学派,在藏书选择理论中提出了复选的概念,并完成了高等学校课程《图书馆藏书》教材的编写,为完善藏书选择理论做出了积极的贡献。现在,苏联研究选书问题的有国立列宁图书馆、国立公共科学技术图书馆、国立萨尔蒂科夫—谢德林公共图书馆和各文化学院等大型的科研集体。除了用传统描述方法外,他们还开始采用数学方法来研究藏书选择的具体问题,并取得了许多进展。

二、藏书选择的依据

藏书选择是藏书补充工作中最重要的环节。它是对各种文献进行严格、认真的圈选,决定其取舍的指令性活动。

美国图书馆学家舒曼(Edwin L. Shuman)在论及文献资料的选择依据时,提出以"Interest"为主。英语这个词含有"关心"、"引起注意"、"兴趣、爱好"及"具有利害关系"等能刺激人们进行思考和被人们喜欢的意思。舒曼因此而提出的选择文献的四项具体原则是：

1. 该文献是否能使大多数读者感受到最持久的乐趣？
2. 该文献是否含有充分的科学事实，值得一读？
3. 该文献是否能提高读者的智能或加深美的感受？
4. 该文献是否能与经久考验的名著并列？

我国图书馆界对于藏书选择，一般是这样认识的："根据图书馆本身的性质、任务、读者对象，挑选那些专业对口、质量较高、适合读者水平的出版物。"

这些原则为我们从事藏书选择工作，提供了基本的指导思想。但是，由于藏书选择在大多数情况下只能通过有关书目进行，不能见到原始文献，加上一种文献是否受到读者欢迎，只能在文献入藏一段时间后才能得到检验，因此，我们有必要在考虑读者需要的前提下，从可以得到的各种信息中去分析文献的质量，以确定图书馆是否入藏。下面是选择文献的一些具体方法和依据。

1. 根据文献征订目录中提供的信息进行挑选。

文献征订目录不仅提供了一书的书名、著者、出版机构，而且还提供了该书的内容提要和目次。内容提要介绍了这本书的主要内容、用途和读者对象；目次则是一本书的纲领，揭示全书的结构及论述范围。有的征订目录更进一步指明了该书与同类书相比所具有的不同特点。这些都可以供我们选择藏书时参考。

2. 根据编辑机构或著者进行挑选。

世界各国都有一些有代表性的学术机构、研究机构以及著名的科学家。一般来说，这些机构或个人的著作，其学术水平都比较高，科学参考价值也比较大，需要重点收集。为了全面掌握著名学术机构和科学家的情况，可以参阅一些专门的工具书，如《世界科学指南》（Guide to world science）、《学术世界》（world of Learning）、《国际人名录》（International who's who）等。需要指出的是，我们重视著名的研究机构和科学家、作家,并不是不注意一般的、还没有出名的机构或个人,根据著名的编辑机构和著者挑选文献,是指在选择时可以优先考虑,而其他方面的情况可以考虑得少些。

3. 根据出版社进行挑选。

如前所述,国内外出版社很多,有科学出版社、大学出版社、政府和国际机构出版社,也有商业出版社。一般情况下,各出版社在图书文献出版前必须对原稿进行选择。凡以出版为事业的出版社,不管其性质如何,都一定会对其所出版的文献进行认真审查,力争出版高质量的图书,而不自毁其誉。因此,选择那些享有较高声誉的出版社出版的文献,确实是一条选择文献的捷径。

4. 根据文献的出版记录进行挑选。

各种文献都有自己的出版记录,如出版年代、版次、印数及定价等。从出版年代上我们能够了解文献采用材料的新旧,从而挑选那些最新出版年代的文献;从版次上,我们可以推断该文献的现实性及通用性,从而挑选那些受到读者欢迎的文献;而文献印数的多少则表明文献的普及传播程度,从而需要注意对那些印数较少而有价值的文献及时挑选。对于文献的价格,则可以帮助我们慎重地挑选文献,做到量力而行。

5. 依靠读者共同进行挑选。

读者是文献的直接使用者,图书馆采访人员必须加强和读者的联系,依靠读者选择文献。如订书前,可将征订目录发给有关读者,请他们提出取舍意见。这在科学专业图书馆和高等院校图书馆尤其行之有效,因为这类图书馆的读者,许多人都是某一学科的专家,对本学科文献出版情况了解得十分清楚。也可以在图书馆设立读者推荐图书意见箱,让读者把他了解的好书直接向图书馆推荐。这样就可以使选择的文献更能结合实际的需要。

第三节　藏书的品种与复本

一、复本的含义

仅仅有书刊品种的选择并不能完全解决读者的需求问题。在图书馆的读者工作中,常常出现同一时间内不同读者对同一文献的需求,需要提供同样的服务。这就构成了藏书复本配置的问题。

关于藏书复本的含义,人们的看法还存在着分歧,还没有确切的定义。

中国社会科学院语言研究所编的《现代汉语词典》解释复本为:"同一种书刊收藏不止一部时,第一部之外的称为复本。"日本《新选国语词典》也解释为:"在图书馆,同一种图书有二册以上的时候,从第二册开始的图书为复本。"可见这两种解释的含义基本相同,它们都认为复本必须是二册或二册以上的同一种书刊,且必须是第一部之外或从第二册开始。第一本不算复本,只有一本也不能称复本。从"复本"的字面上看,这种解释是正确的。

但是我国图书馆界在述及复本时,则往往是把它与"复本量"、"复本数"联系起来,泛指图书馆收藏同一种出版物的册数,包括第一册在内。如果这种书有 2 个复本,就是指这种书共购进了 2 本,而不是 1 + 2 = 3(本)。这种看法虽然违反了复本的常规含义,但它却更符合图书馆藏书的实际。一种书只有一册时,本不该称复本,但是为了方便计算、统计以及制定复本标准,仍可将单本书叫做一个复本。

需要指出的是,"同一种出版物"在这里不仅意味着内容完全相同,而且形式也要完全相同。即使是相同内容书刊的译本、评注本、特殊装帧本、影印本,都应看成不同品种的书刊。

二、品种与复本的关系

图书馆为了满足读者的各种需要,必须使补充的藏书既有大量的品种,又有一定量的复本。在图书馆有限的经费和空间制约下,藏书的品种与复本构成了一对矛盾:增加藏书的品种,必然要减少藏书的复本;而增加藏书的复本,也必然要减少藏书的品种。一般来说,一些常用书刊、热门书刊,读者需求量很大,如果复本量过少,就会造成较高的拒绝率,影响图书馆的服务质量,偏离一切为读者着想的要求;但是,如果复本较多,虽能满足现时读者的集中需要,但随着时间的推移,就会出现多余的复本,造成藏书的积压、浪费。特别是复本书刊并不能增加整体藏书的情报含量,复本过多,品种过少,将造成整体藏书内容贫乏、质量下降,难以满足读者参考研究的需要。因此,正确处理好品种与复本的关系,是藏书补充工作中十分重要的研究课题。

处理藏书品种与复本的关系,不同类型图书馆、不同类型的文献应该区别对待,不能一刀切,硬性规定统一的复本数量。通常对科学专业图书馆的藏书,应该做到"种多册少";对高等院校图书馆的藏书,应根据不同的用途,做到科研用书"种多册少",指定教学参考书"种少册多",教学参考书和重要课外读物"种多册多",一般课外读物"种少册少";对省级以上公共图书馆的藏书,则应根据其科研读者和大众读者的不同需要,分别做到科研用书"种多册少",大众读物"种多册多"。当然,具体到每一种文献,还应根据其本身的价值和读者的需要,分别决定其复本数量。

在藏书品种与复本的关系方面,人们经过长期的观察与研究,得到一个重要发现:同类书的品种与复本能够正向转化,即同类书的不同品种能在一定程度上互相代替复本,互相转化为复本。这是因为,同类书的基本内容相同,体裁形式相同,所含情报信息与使用价值也大致相同。而每种书刊的复本数量是根据需求该书的现时读者数量决定的,如果增加同类书的其他品种,其中一部分读者的需求就可以转移到同类书的其他品种上去。这样,同类书的总藏书数量没有变,但品种却增加了,品种起到了复本的作用,但却超过了复本的功能;不仅能满足读者的需求,还能提高藏书质量。例如某图书馆有 10 名读者要参加高等教育自学的哲学考试,同时需要借阅高校的哲学教材做参考。这时图书馆至少可以选择两种方法来满足他们的需求,一种是购置同一品种的哲学教材 10 册,另一种是购置不同的 5 种哲学教材各 2 册。两种方法相比较,总的购置数量相同,但后一种方法优于前一种方法,因为它扩大了同类书的品种 4 种。这里需要注意的是,不等价的书刊(主要指学术价值和艺术价值)之间,品种与复本不具有转化的关系,而且等价的品种书只能向其他品种书的复本转化。复本书不能代替品种书,即不能逆转。

目前我国许多图书馆的藏书还存在着品种少、复本多的状况,一些图书馆片面追求满足读者的现实需要,对热门书、畅销书大量采购,有的书复本高达百册以上,复本严重地挤了品种,藏书质量不高。因此,今后我国图书馆藏书建设的任务之一是要认真研究并制定合理的复本标准,扩大藏书品种,降低复本数量,改善藏书结构。

三、影响藏书复本量的因素

1. 不同读者在同一时间、同一地点对同一种书刊有需求。如高校图书馆的学生读者对同一种教学参考书同时提出的需求,特别是任课教师向学生布置参考书后,学生纷纷涌向图书馆,要求借同一种书的情况十分明显。因此,现实读者的人数是决定书刊复本量的主要因素。

2. 不同读者在不同地点对同一种书刊具有现实需求和潜在需求。如图书馆的总馆和分馆、流通站、阅览室、资料室等,为了满足不同读者的需要,必须同时配备同一种书刊。在一般情况下,图书馆越大,读者服务机构越分散,需要的复本越多。

3. 文献类型、载体、文种、专业程度的影响。文献的类型、载体、文种、专业程度决定着读者对文献的利用方式,利用的方式不同,需要的复本也不同。如参考工具书只是当读者需要时才查阅,而一般书刊则要被读者反复研读,显然一般书刊的复本需要量比参考工具书要大;印刷型文献使用方便,与缩微型文献相比,显然需要的复本量也大;从文种上看,大语种、常用语种书刊需要的读者较多,显然大语种、常用语种书刊的复本应多于小语种、不常用语种书刊;从专业程度看,越专深的书刊,需要的读者越少,而和本馆大多数读者文化水平相当的书刊,显然应配置较多的复本。

4. 书刊借阅制度的影响。图书馆的借阅方式、借阅期限等规定,对藏书复本量的影响较大。如提供外借图书比只提供馆内阅览图书需更多的复本;借期二个月比借期一个月的书刊周转率低,显然也需更多的复本。

5. 图书馆是否设保存本。保存本又称库本,一般大中型图书馆对一些学术价值、使用价值或文物价值较高的文献,常常留出1—2册做保存本,不提供外借,以应临时的需要。为了保证读者借阅,凡是设保存本的书刊,必须另行配置复本。

6. 文献的有效使用时间。文献的有效使用期限对复本配置也有一定影响。在现实读者需求不变的情况下,文献的有效使用时间长,意味着读者可以分散、多次地使用;而文献的有效使用时间短,则只能让读者在短期内集中地使用。显然,使用期短的文献比使用期长的文献需更多的复本。

7. 图书馆复制能力。如果图书馆复制文献十分方便,价格也合理,则书刊的复本量可以大大降低。美国大学图书馆的藏书一般不设复本或复本很少,主要就是因为复印机很普及,复制书刊的能力很强,也很方便,文献没有必要滞留在读者手中。

四、确定文献复本数量的方法

复本量和复本率是描述复本数量的两个概念。前者以册为单位,是个绝对数,如3册、5册等;后者是个比率,是相对数,如6:1,10:1等。对于复本率,通常有两种理解:一种认为复本率是读者人数与复本量之比,即:复本率=读者人数/复本量;另一种则认为复本率是藏书册数与种数之比,即:复本率=藏书数量/藏书种数。它可以按类计算,也可以按全馆藏书总量计算,其结果图书馆界习惯称为平均复本量。人们常同时使用两种意义上的复本率概念来确定藏书的复本数量。

如前所述,由于影响藏书复本量的因素很多,不同图书馆很难有一个规范的复本量标准。因此,各图书馆仍要根据本馆的实际需要,采用一定的方法来确定藏书的复本量。我国图书馆界通常采用经验方法来确定藏书的复本标准,近年来一些同志提出了计算藏书复本量的数学方法,使图书馆藏书复本决策的科学化向前迈进了一大步。

1.经验模式法。

指通过调查研究,总结以往经验,统计分析藏书利用率指标和藏书拒借指标等,找出各种类型藏书的最佳复本数量,从而设计出适合各学科门类、各载体形式的复本模式,并以此为标准,作为复本配置的参考。复本模式虽然主观成分较多,但它却使复本量的确定不再是采访人员个人的随心所欲,而成为有章可循的工作。因此,复本模式的建立有很大的实践意义。

经验模式可以分为两种类型,即一维型和多维型。

一维型模式仅仅是从学科或其他某一方面来区分不同藏书的复本量。例如某图书馆中文图书的复本标准是:

马列主义、毛泽东思想经典著作	10—30 册
哲学、社会科学	3—15 册

时事政策、青年修养　　　　　　　　5—20 册

科学技术　　　　　　　　　　　　2—15 册

文学艺术　　　　　　　　　　　　10—30 册

……

　　这种模式没有区别各种不同因素对复本的影响,分类过于粗糙,复本量选择幅度太大,不便掌握,因而实用价值不大。

　　多维型模式是从多方面综合规定藏书的复本量,能够比较细致地区别不同情况下的复本标准,因而比较实用。下表是某大学图书馆的多维型复本模式:

学科类目	中文图书										外文图书					备注
	专著	译著	参考工具书	检索工具书	会议文集	主要教学参考书	一般教学参考书	习题集	普及读物	其他	原版书	影印 专著	影印 工具书	会议录	教学参考书	
数学	3	2	5	1	2	6:1	6-8	8:1	2-4	1		1	1-2	1	4	
物理学	3	2	3	1	1	6:1	6-8	8:1	3			1	1		4	
化学	4-5	3	4	2	2	6:1	8	8:1	4	1	1	2	1	1	4	
生物科学	5	3	5	5	2	6:1	8	8:1	4	1	1	2-3	2	1	5	
临床医学	5-8	4	5	3	3	6:1	8	8:1	4	1	1	3	2	2	5	

……

　　为了方便使用,还可以将上表设计得更详细一些,把各要素依层次进一步展开,以充分反映各种情况下的复本配置量。

　　当然,不管哪种经验模式都不能包罗万象,更何况藏书补充是一个不断发展、变化的过程,已经制定好的模式不能预见一切。因此除了不断修改、完善藏书复本模式外,仍要发挥采访人员的主观能动性,不要拘泥于死的标准。

　　2.数学方法。

　　指运用数理统计、数学模型等方法,确定一些对藏书复本量起

主要作用的变量,通过数学计算,从而得出最佳复本量的结果,图书馆据此配置藏书的复本。

苏联图书馆学家斯多利亚洛夫和阿列菲也娃在《图书馆藏书》中提出了一个确定藏书复本量的数学公式:

$$D = \frac{A \cdot t}{T}$$

其中:D——复本量;

　　　A——每种书的读者数(约);

　　　t——单个读者利用一本书的平均日数,通常取决于图书馆的借阅期限;

　　　T——根据预测确定的图书有效利用日数。

例如已知:A = 200 人,t = 30 天,T = 2 年(730 天)

则:$D = \frac{A \cdot t}{T} = \frac{200 \times 30}{730} = 8$(册)

这种方式比较适合于公共图书馆计算读者利用没有时间先后的藏书的复本量。

实际上,这个公式没有考虑影响藏书复本量的许多其他因素。它仅仅从藏书的使用年限出发来考虑读者要求的满足,因而在使用上仍有较大缺陷。

我国图书馆界一些同志根据不同类型图书馆的一些共性,综合考虑影响藏书复本量的各种因素,提出了一些新的数学模式。下面介绍一种计算藏书复本量的参考公式:*

$$D \approx \frac{LR}{12E}(1 + C) + S + K + W$$

其中:D——复本量;

　　　R——某种图书的读者人数($R = R_1 + R_2 + \cdots + R_n$);

＊ 于鸣镝:《复本数学模式初探》,《黑龙江图书馆》1983 年第 2 期。

L——图书馆规定的借阅期限（月）；

E——文献的有效期（年）；

C——读者续借该书的概率；

S——分馆、阅览室需要量；

K——保存本数；

W——预计损耗数。

例如：设：$R_1 = 6$ 人，$R_2 = 20$ 人，$R_3 = 40$ 人，$L = 1$ 月，$E = 5$ 年，$C = 20\%$，$S = 3$ 本，$K = 1$ 本，$W = 2$ 本

则：$D \approx \dfrac{1 \times (60 + 20 + 40)}{12 \times 5} \times (1 + 20\%) + 3 + 1 + 2 \approx 8$（本）

应该指出，尽管目前人们提出了各种计算藏书复本量的数学模式，但由于复本问题与众多的变动因素联系紧密，随机性很强，难以给出确定的数值，以至于这些模式或者在实践中显得无能为力，或者把简单的问题复杂化了，因此至今很少有图书馆采用这种方法。不过，我们相信，最终解决复本配置问题的方法一定是数学方法，我们应该进一步研究并完善这一方法，使它早日在图书馆藏书补充工作中得到全面的运用。

第四节　藏书补充的基本方式

宋代著名藏书家、目录学家郑樵，在《通志·校雠略》中提出了补充藏书的"求书八法"："即类以求、旁类以求、因地以求、因家以求，因人以求，因代以求、求之公、求之私"，全面地总结了中国古代藏书楼进行藏书补充的各种方法。

现代图书馆藏书补充更加社会化和复杂化，远非古代、近代图书馆所能比拟。由于文献特征所决定，我们必须采用多种渠道、多种方式补充藏书。

尽管现代图书馆文献资料的补充方式多种多样,但人们通常是把它们归纳为两种主要方式,即购入方式和非购入方式。

一、购入方式

指图书馆用货币向文献出版发行单位或个人购买图书资料,包括订购、选购、邮购和复制等。

1.订购。

又称预订。这是大中型图书馆补充藏书的基本方式。它是由文献的出版发行单位向图书馆发出征订目录,图书馆依据征订目录进行圈选,同时在预订单上填写本馆所需书刊资料的名称或编号、所需册数,然后在规定的时间内将预订单送交书店、邮局或其他出版发行单位。文献出版后,由出版发行单位按预订的种、册数供应图书馆。这种方式可使图书馆根据各种征订目录有计划地补充到适合本馆需要的书刊,保证所需文献的品种与数量。但这种方式也有一定的局限,主要是征订目录的著录过于简单,有时光凭书目选书会出现错购的情况。

近年来,国外一些出版发行机构实行了一些新的文献订购方式,主要有纲目订书、提类订书、全数订购、长期订购、统括订购等,并采用电子计算机进行管理,简化了图书馆的订购程序,方便了图书馆收集文献,受到图书馆界的欢迎。

(1)纲目订书。是指图书馆把自己的藏书补充计划按入藏文献范围、内容、水平、文种、出版单位、价格等列成纲目,提交给有关书刊发行代理商,由书商根据图书馆提出的"纲目",将符合图书馆需要的最新文献直接寄给图书馆(图书馆可以退回不符合需要的书刊,但退书率不得高于10%)。这种方式只要签一次合同就能保证连续不断地获得所需图书,十分方便。如果图书馆能把订购的纲目描述得更具体、准确,书商发出的图书准确率也越高。

(2)提类订书。是指图书馆把本馆所需订购文献的学科类目告诉有关书刊出版发行机构,由它们根据图书馆提出的学科类目向图书馆提供属于该类目的书刊文献。这种方式适合于学科范围比较窄小的类目补充藏书,以保证该类文献得到系统、完整的入藏。

(3)全数订购。是指图书馆根据本馆的需要,向特定的出版机构订购其全部出版物。这些出版机构主要是一些学术机构和一些特别专的出版社。由于它们的学术文献大多是非盈利性质的,通常少见于广告,出版信息不易传递。采用这种方式,可以解决不易采选的困难。

(4)长期订购。主要是针对图书馆订购多卷书和连续出版物而实行的一种方式。它是保证连续出版物完整入藏的一种手段。它只需办一次订购手续,长期有效,通常还能享受 10—30% 的优惠。在长期订单的执行过程中,如发现文献内容不适合本馆需要或价格上涨本馆经费不足时,要及时通知有关出版、发行机构,终止订购。

(5)统括订购。又称为集中采购计划,由图书馆向指定的出版机构或图书代理商大批的采购图书,在英语中称作 Mass Purchasing 或 Block buying*。这种采购方式与普通订购有以下不同点:

①不先经过图书选择的程序。图书馆订购图书时,通常在订单发出之前,先逐项查核与挑选所要订购的书刊。统括订购则不是如此办理,而是由出版者先将书送到图书馆,然后再由馆员选择,合则留之,不合则还。1958 年,美国费城的格里纳韦计划(Greenaway plan)便是最早的范例。在该项计划下,出版者在正式出版图书之前,先将所有的营业性出版品送交费城的公立图书馆(Free Library),同时送去有关的书评介绍,供图书馆员评选图书,

---

* Stephen Ford: The Acquisition of Library Materials, P. 81 – 82.

作为添置复本的参考。这种采访方式,优点是能够以最快的速度,较廉价的费用,把书籍供应给读者利用;缺点是见不到的书籍,便没有被入选的机会。

②书籍推销者参与图书馆采访工作。许多出版商为了争取统括订购的订单,往往主动向图书馆采访部门提供各科书目,由图书馆采访人员选用,这种就目选书的采访方式固然可在短时间内采购大量书籍,却也需注意免除复本的浪费,以及避免因即时判断而产生的错选。

③集中采购和大批核定采访计划。当图书馆的典藏量急速增加时,现有的图书馆员势必无法一册书一册书地精选图书,只有利用大批核定的手段,大量地采访图书,也就是英语中所说的 Approval or Gathering Plan。对于新建的图书馆或是扩建的图书馆,为达到基本藏书量,便只有借助于这种方式去采访图书。

值得注意的一点是,统括订购的图书采访决策权仍然掌握在图书馆员手里,只是出版者或书商对图书馆的影响力较普通订购大,并非图书馆员放弃了采访的职责。

做好文献的订购工作,最重要的是要熟悉文献的出版发行渠道,掌握书源信息。因此藏书采访人员应广泛收集各种征订目录和其他出版动态,对文献的出版发行做到胸中有数。

2. 选购。

主要指藏书采访人员直接到书店或有关出版发行部门去挑选、购买书刊资料。通常,凡是没有事先征订的文献或是图书馆因各种原因漏订的文献,或已经预订但复本量不够的文献,都需要采用这种方式去购买现货书。

现在我国一些出版发行单位正在进行图书发行方式的改革,试行图书出版发行"寄销制"。所谓寄销制,就是初版分配试销,重版征订包销,出版社自行决定初版书印量,委托书店销售,售不出由出版社负责亏损;售得多需重印,再由书店征订包销。这样,许多新书不经过征订就直接在市场上销售,使选购在藏书补充中的作用大大加强了。

直接选购方式简便易行,能直接鉴定图书的内容质量以决定取舍,克服预订方式的缺点。但是藏书采访人员直接到书店或其他出版发行单位选购图书,不能随时查对馆藏目录,容易造成重购。选购还有一个缺点,书店有什么书才能购什么书,不一定能满足预订计划,容易造成漏购。因此这种方式不是大中型图书馆的主要采购方式,仅适合于藏书不多,经费较少的小型图书馆。

采用选购方式补充藏书,要求采访人员经常与书店等发行部门联系,及时掌握新书上市的信息,以免因新书售完而造成漏购。

在我国一些大中城市,图书馆可以和新华书店建立长期购销关系。书店根据图书馆的需要,在销售图书时为图书馆预留一部分新书,采购人员定期去书店提取。这种方法值得推广,但要注意妥善解决图书馆选择图书与书店硬性搭配滞销书这一矛盾。

3.邮购。

又称函购。通常是在当地书店没有进货或脱销某种书刊的情况下,特别是对外省市地方出版社出版的书刊,通过汇款寄信,请外地新华书店或出版单位按本馆开列的书目及数量,用邮寄的方法购买。也可以委托外地的兄弟单位代购当地的各种出版物,邮寄或托运给本馆。尽管以邮购方式补充藏书需要费一定的邮资,但它仍不失为一种行之有效的辅助采购方法。

4.复制。

这是一种补充稀缺书刊的最好方法,如有些难得文献、过期期刊、珍贵图书及一些无法购入的外文原版书,都可以采用这种方法取得它们的复制品。复制方法包括抄录、照相复制、静电复印、缩微复制、转录、拷贝等。目前用静电复印方式复制文献较多。由于复制文献通常需付一定的费用,因而把复制也列入藏书补充的购入方式。

以上四种书刊资料的购入方法,各图书馆应根据本馆实际情况综合使用。

二、非购入方式

主要指不用货币购买而通过其他途径获取文献资料的方法。许多难得文献、内部资料等非卖品文献,都可以用这种方式得到补充。非购入方式包括呈缴、调拨、征集、交换和捐赠等。

1. 呈缴。

为了保证有关图书馆收藏国内出版物的完整,使文化科学遗产得以妥善保存,文献资料得到迅速通报,由国家法律或法令规定,全国所有出版社或有出版责任的单位,凡出版一种新的出版物,必须向指定的图书馆免费缴送一定数量的样本。这种缴送的样本就称为呈缴本,这种制度称为呈缴本制度。

1537 年 12 月 28 日,法国瓦罗亚王朝国王法兰西斯一世(Francois I, 1494—1547)亲笔签发了《蒙特斐利法》(Ur - donnance de Montpellier)。该法规定,凡在法国注册出版的图书,必须向皇家图书馆呈缴若干册。通常认为这是世界上最早的图书呈缴法,而法国是最早实行图书呈缴制度的国家。现在世界上大多数国家都实行了这一制度。

我国是在 1927 年 12 月 20 日由当时大学院制定的《新出图书呈缴条例》正式规定呈缴本制度的。但真正使呈缴本制度得以实行,还是在新中国建立以后。1952 年 8 月 16 日,中央人民政府政务院公布了《管理书刊出版业、印刷业、发行业暂行条例》,指定北京图书馆、中国科学院图书馆为接受呈缴本的单位,使我国的呈缴本制度得到了国家法律的保障。1979 年 4 月 18 日,国家出版局发出《关于修订征集图书、杂志、报纸样本办法的通知》,重新指定了接受呈缴本的单位和呈缴本的数量,进一步完善了我国的呈缴本制度。目前我国享有接收呈缴本权利的图书馆有北京图书馆和版本图书馆。除此而外,有些省级政府也规定了地方出版物的呈缴制度,由省级公共图书馆负责接收本省的出版物。

2.调拨。

这是指在上级主管部门或图书馆协作机构的组织下,根据需要将一些图书馆的藏书拨付给另一些图书馆的一种藏书补充方式。它能够使获得调拨书刊的图书馆无偿地获得大批藏书,迅速增加藏书数量。这种方式,特别适合于需要大量补充藏书的新建图书馆和藏书基础薄弱的小图书馆。

在通常情况下,调拨的书刊有三种不同的来源。一是某一图书馆因各种原因决定全部撤销或将其原有藏书范围和服务对象部分撤销时,将馆藏书刊移交给有关图书馆继续保存和使用;二是由一些藏书丰富、条件较好的老图书馆把自己的藏书支援一部分给新建或藏书基础薄弱的图书馆;三是一些拥有大量书刊复本和呆滞书刊的图书馆,把那些在本馆利用率低的多余藏书调整给需要的图书馆,以便充分发挥这些书刊的作用。由此可见,调拨的书刊不一定全是有价值的、适合于接收单位读者需要的文献。因此,各图书馆在接受调拨书刊时,必须有针对性地进行选择,不要盲目全部入藏。

3.征集。

这是指图书馆根据有关线索主动发函或派人登门访求或用广告形式有针对性地从有关单位和个人手中获得各种内部资料和珍贵文献的方法。许多有价值的书刊资料,特别是非正式出版发行的资料,如科技资料、档案资料、地方文献、古旧书刊、革命史料、作家手稿等,通常需采用征集的方式获得。

做好书刊资料的征集工作,重要的是要从多方面了解所需书刊的来源线索。在进行征集的过程中,要对文献持有者进行热情宣传,取得他们的理解,使他们能够主动支持这一工作。

4.交换。

这是两个以上图书馆之间以及图书馆与其他文献收藏单位之间互相交换各自的书刊,达到互通有无、调剂余缺、丰富馆藏目的的一种藏书补充方式。这一方式使图书馆有可能获得从别的途径无法获得的文献资料,如各种非卖品文献、无法用外汇购买的国外文献以及往年的出版物等。

图书馆之间很早就开始借助交换关系来充实馆藏。早在1694年,法国的皇家图书馆就开始用复本图书交换英文、德文书刊;1740年,德国各大学间也有了交换大学出版物的协议。我国与其他国家开展书刊交换,始于1697年中国和法国首次交换图书。1869年,美国用一批西文图书准备交换我国有关人口调查方面的资料,无奈当时的清政府因没有这方面的资料,只好用千余册经书作为回赠。

目前在世界各国的图书馆中,交换工作已成为图书采访的一项重要业务。交换资料除复本图书外,还包括新的出版物;除公开发行的文献以外,还有内部交流的资料;交换的范围也从国内交换发展到国际交换。

按照书刊交换的组织形式划分,书刊交换可分为双边式交换、多边式交换和集中式交换。

(1)双边式交换。指两馆之间订有合同,互相之间平等地、有来有往地交换书刊资料。通常交换双方馆的专业对口或类型性质相同,各自本着互通有无的目的将本地区、本系统、本单位所编印的文献资料,按一定的数量要求,直接寄给对方馆。因此双边式交换又称直接交换,它是书刊交换最基本和最常用的方式。

(2)多边式交换。指图书馆通过交换书目中心获得有关交换书刊的信息,间接进行书刊交换的方式。通常各图书馆将自己可供交换的书刊及想要获得的书刊以书目形式送到交换书目中心,中心将收集、整理好的交换书目再分发到各图书馆,各图书馆以此为媒介,选择适当的交换单位。联合国教科文组织建立的出版物交换所(Clearing House for Publication)就是这样的交换书目中心,承担着为世界各国图书馆提供交换信息的任务。《联合国教科文组织图书馆通报》和《国际图书交换手册》是从事多边式国际书刊交换的重要参考工具。

(3)集中式交换。指各图书馆把自己可供交换的书刊统一送交书刊交换中心。同时把所需的书刊也通知交换中心,由书刊交换中心集中进行交换的方式。美国的美国图书交换中心(USBE United States Book Exchange,Inc.),就是集中式交换的一个例子。

USBE 成立于 1948 年,由美国图书馆协会、国会图书馆等单位资助建立,是一个非盈利的国际性组织。现有会员馆 2000 余个,我国的科学院图书馆、南京图书馆、复旦大学图书馆等参加了该中心。目前,这个中心每年送出的交换资料约 50 万件。该中心交换的资料以图书杂志为主,图书以最近 10 年内出版的科学技术书、近 15 年内出版的社会科学书和古籍善本书为限,杂志则不分学科、年代及卷期。该中心不仅每月将可供交换的书刊目录分寄会员馆,同时还为各会员馆代征集所需书刊。会员馆所得交换资料依件收取少量手续费,国外会员每册图书收费 0.50 美元,每册杂志收费 0.25 美元。该中心扩大了图书馆书刊交换的来源,受到图书馆界的欢迎。

开展书刊资料的交换工作,无论采用哪一种形式,都应该遵循以下原则:

(1)必须选择专业对口的单位建立交换关系,有目的、有计划地进行书刊交换;

(2)交换关系应建立在合作、互惠的基础上,不能机械地配备交换图书,对于各图书馆都无用的、内容陈旧过时以及破损缺页的书刊资料,均不应列为交换品;

(3)交换单位之间,应尽量维持平衡关系,无论是计件还是计值,都应力求使交换的书刊在质量与数量上相当。

目前,我国的北京图书馆设有专门的国际书刊交换组,有专门的经费用于国际书刊交换,每年换回国外书刊数万种。它已成为我国对外书刊交换的一个中心。此外,许多高等院校图书馆、科学专业图书馆及省级公共图书馆近年来也扩大了国际书刊交换的对象与范围,这对于图书馆及时有效地获取国外文献、节约外汇经费有很大的意义。

5. 捐赠。

这是指一些单位和个人向图书馆主动、自愿地赠送书刊资料以充实馆藏的方式。它对于图书馆获取珍贵书刊资料有重要的作用。通常我国图书馆接受捐赠图书有以下几种情况:一种情况是,一些革命家、作家、学者、知名人士及藏书家,在他们晚年或去世后,将其著述和藏书赠送给有关图书馆;另一种情况是,国外一些友好人士和社会团体,为了帮助我国的四化建设,发展友谊,主动向有关图书馆赠送大批的书刊;还有一些出版发行商主动将他们出版发行的书刊赠送给有关图书馆,以扩大他们的影响。

我国许多图书馆近年来都收到了大量的来自不同方面的捐赠书刊,有的图书馆还为此设立了专藏,如北京图书馆设立的日本出版物阅览室,就是定期接受日本出版贩卖株式会社捐赠的书刊,以供读者利用。

当然,以捐赠作为藏书补充的方式也有缺陷,主要是缺乏系统性,使图书馆无法控制文献流,经常会收到一些不需要的出版物,对它们进行选择比较吃力。如美国国会图书馆,每年接受捐赠的书刊资料达170万件,但选择入藏的仅占三分之一。

总之,藏书补充的非购入方式是图书馆藏书的重要来源。通过非购入方式获取的书刊往往具有较高的情报价值和保存价值。各图书馆应该重视开发这些藏书来源渠道,根据需要与可能尽量加以采用。

第五节　藏书补充的书目工具

当今世界文献的出版,无论在数量上还是在类型上都超过了以往任何时代。图书馆采访人员要想掌握世界文献的出版动态,在纷乱的社会文献流中选择、入藏图书,没有书目工具的帮助是很难想象的。正因为如此,世界各国都十分注意各种书目工具的编辑、出版和搜集,以便藏书采访人员在补充藏书时参考。

一、选择中文书刊的书目工具

1. 征订目录。

征订目录是藏书采访人员订购书刊时直接使用的主要书目。它反映了出版社的出版计划,并在书刊出版前提前向图书馆和读者进行宣传报导,供人们选择预订。

《科技新书目》,半月刊,由新华书店北京发行所、上海发行所主办。四开版面,报纸形式,每月的 10 日、25 日出版,邮局公开发行。目前收录中央一级和北京、上海、天津、重庆四个地区百余个出版社的科技类出版物,内容包括自然科学、医药卫生、农林、工业技术、交通运输和综合性各类。每期可预告初版和重版图书 200 多种,约占全国科技图书出版量的 70%。本书目所列出的每种图书都注明了征订序号及所属类别,著录了书名、作者、出版社、开本、字数、页数、装订、出版日期、估价、内容提要和读者对象等。每期新书目还附有订购单,要求图书馆填好后按规定时间送交新华书店。尽管该书目目前只反映京津沪渝四个地区的科技出版物,但它是各类型图书馆订购中文科技新书的主要目录。

《社科新书目》,半月刊,新华书店北京发行所主办。四开版面,报纸形式,每月的 1 日和 16 日出版,邮局公开发行。该书目主要收录中央一级和北京地区各出版社近期将要出版的哲学、社会科学及文学艺术类新书和重版书,其著录方式基本同《科技新书目》。但该书目仅反映北京地区出版的社科图书,文献覆盖面较窄,因而有较大的局限性。

《高等学校教学用书预订目录》,新华书店北京发行所编辑出版。每年春秋两季各出一期,报导北京及全国各地出版的大专院校教学用书,是订购大学、中专教材的重要书目工具。

《标准新书目》,半月刊,每月的 9 日和 24 日由新华书店北京发行所编辑出版,邮局公开发行。该书目是预告及征订标准资料的工具性报纸。

除了以上几种国家一级的征订目录外,各省、市、自治区出版发行单位也大多编有自己的图书征订目录。如新华书店上海发行所编辑的《上海新书目》、广东各出版社和广东省新华书店联合主办的《广东新书目》、江苏各出版社和江苏省新华书店联合主办的《江苏新书目》、新华书店重庆发行所主办的《重庆新书目》等,都是征订本地区出版的图书的书目工具。但是这些地方出版发行单位编印的征订目录,大多不通过邮局发行,不少是免费赠送,图书馆必须注意搜集。

《全国报刊目录》,由各省邮政局编印,每年 9 月左右出版,报导国内公开发行的中文报刊,供图书馆和读者选择订购。在目录中,报纸与杂志分别排列,先按省市自治区,再按报刊代号排列,并标明了每种报刊的名称、刊期、季价或月价。预订时限可为一年、半年或一季。图书馆通常一次预订全年的报刊。

《内部书征订目录》,新华书店北京发行所编印,每月 5 日出版。该目录报导并征订内部发行和限国内发行的图书。由于国家规定,凡内部发行的图书,各地新华书店必须严格按照图书规定的读者对象和供应范围在机关内部征订,并在书店内部出售,不得随意改变和扩大,不得公开陈列,亦不能批发给集体和个体书店、书摊及城乡供销社和一般商业门市部出售。因此,该目录是图书馆补充内部图书的主要工具。该目录的前身是《京内社》、《京内科》两种目录,1986年1月起改为现名。

2. 通报目录和累积目录。

这种目录主要是用来了解已经出版的中文书刊的情况,供图书馆及时检查、补充漏订漏购的书刊。

《全国新书目》,月刊,国家出版事业管理局版本图书馆编辑出版,邮局公开发行。该书目是根据各出版社出版图书的呈缴本而编制的综合性目录,按社会科学、自然科学各科分类,是全国各地每月出版新书的总目录。该书目著录每种图书的书名、著者、出版者、出版日期、开本、定价,一些重要图书还有简明的内容提要。由于该书目是反映已出版的新书,所以可用来补充预订目录的不足,及时发现未入藏的图书以便补充。不足之处是出版不够及时,书目报导的一些书可能在市场上早已脱销。

《全国总书目》,是上述目录的累积本,由中华书局出版。它逐年编印,内部发行,集中报导我国各出版单位当年出版发行的各类图书,包括一部分内部发行图书。目前它是我国收录图书最全的一种书目,具有国家书目的性质,是了解全国图书出版状况的重要参考工具。

3. 其他参考书目。

《中文科技期刊联合目录》,中国科技情报研究所编辑,科学技术文献出版社1979年出版。该目录收录了我国出版的中文科技期刊4551种,是目前了解国内科技期刊(主要是内部刊物)最完整的一种书目工具。

《中文图书卡片征订目录》,北京书目文献出版社编辑发行。该目录是专门为各图书馆订购中文图书提要卡片(统编卡片)而编制的。它虽不是图书的征订目录,但却反映了《科技新书目》和《社科新书目》之外的各地出版社即将出版发行的图书情况,因而它可以作为了解中文图书出版发行线索的参考工具。其优点在于它提供的信息比《全国新书目》的时间要早得多,可借助于它补订或函购新书。

《中国报刊大全(邮发1986年版)》,胡德仁等编,人民邮电出版社1986年出版。这是系统了解全国报刊出版发行及各种报刊主要内容的参考工具书,可配合《全国报刊目录》对征订的中文报刊进行选择。

此外还有大量的参考工具书刊,包括出版年鉴、新书通报、报刊上的书评文章、推荐目录、专题书目等。这些都可以作为补充中文图书的重要线索。

二、选择国外书刊的书目工具

选择国外书刊的书目工具可以分为两大部分:一部分是我国有关部门编制的征订外文原版书刊目录和征订影印书刊目录;另一部分是国外编制的出版社书目、书商目录、在版书目、国家书目等。

1.国内编印的征订外文书刊目录。

(1)订购国外原版书刊的目录。

《外国科学技术新书征订目录(T目录)》,月刊。该目录主要收录欧美等西方国家出版的科学技术各门类的图书,每期报导1000—1500种新书,每条款目著录有书名、著者、出版者、出版日期、页数、价格、国际统一书号、内容提要等,并有中文书名译文。该目录后附有南朝鲜和港台图书目录。

《外国社会科学新书征订目录(S目录)》,月刊。该目录主要收录资本主义国家出版的社会科学各门类图书,每期报导近千种新书,著录项目同《T目录》。该目录后附有台湾、香港和澳门地区出版图书的目录。

《外国学术团体新书征订目录(L目录)》,月刊。该目录主要报导国外的学会、协会、研究机构等各类学术团体、组织编印出版的图书、会议录、科技报告等文献,内容包括自然科学和社会科学各类。每期大约报导 500—1000 种新书。

《外国丛刊目录(C 目录)》,主要收录介于图书和期刊之间的连续出版物和缩微资料,以美国、英国、日本、法国、西德、荷兰等国出版的丛刊为主,共收录 3304 种。该目录只接收长期订户,对外国商业出版社出版的丛刊,收订与发行由当地的外文书店负责;对外国政府、学会协会、国际组织等非盈利机构出版的丛刊,由中国图书进出口总公司外国丛刊组负责收订和发行。

《外国辞书目录(R 目录)》,主要报导国外出版的各种参考工具书。

以上介绍的 5 种征订目录都是由中国图书进出口总公司第二图书部编印的。自 1984 年 1 月创刊以来,分别代替了以前的《BA目录》、《BB 目录》、《BC 目录》和《SD 目录》。

《进口社会科学图书预订目录(CC 目录)》,月刊。由中国图书进口中心(北京 2825 信箱)编印,主要收录世界各国出版的社会科学新书,附有台湾、香港地区的图书目录。

《苏联出版科技图书预订目录(ST 目录)》,半月刊。由中国图书进出口总公司第一图书部编印,主要收录苏联出版的科技图书及语言工具书,以俄文图书为主,也有少量苏联各民族文字和英、德、法、西班牙等文字的图书。

《东欧各国出版新书预订目录(DT 目录)》,月刊。由中国图书进出口总公司第一图书部编印。该目录收录民主德国、波兰、捷克斯洛伐克、匈牙利、保加利亚、罗马尼亚、南斯拉夫等 7 国用英、俄、德、法等文字出版的科技图书,其中以民主德国的图书为主。

目前我国还没有选编苏联和东欧国家的社会科学图书目录,只能参考利用这些国家的原版目录进行预订。

《台湾、香港地区新书征订目录》,月刊。由中国图书进出口总公司广州分公司编印。该目录专门报导港台地区出版的自然科学、社会科学各类图书。

《外国报刊目录》，中国图书进出口总公司编印，报导世界各国、各地区及港澳台出版的报刊。一般每 5 年修订一次，自 1961 年出第一版以来，至今已出到第六版(1985 年)。第六版收录社科期刊 7197 种，自然科学期刊 16410 种，报纸 560 种。该目录选收的报刊，主要是用英、法、德、日、俄等语种出版的，用其他语种出版的只选少量主要品种。对不能通过贸易途径订到的报刊，一般不收进目录。每种报刊都著录了刊号、刊名、创刊年代、刊名沿革、出版机构及地址、编辑机构、国别、出版周期、订价、中译刊名、内容简介等。此外，为补充该目录的内容，中国图书进出口总公司每年还出版一册《报刊补充目录》，及时通报当年新创刊的和其他一些重要的报刊，供图书馆选订。

《港澳台报刊目录》，中国图书进出口总公司编印。该目录是目前我国收录港澳台地区出版的报刊最全面的一种征订目录，所收报刊按香港、澳门、台湾三部分分别排列，无论是用中文出版的还是用英文出版的，该目录均有收录。

(2)订购外文影印书刊的目录。

《外文图书 F 征订目录》，是根据我国引进并影印出版的欧美和日本的科学技术图书编辑而成，供图书馆选订时参考。每种图书都著录有原书名、作者，并将书名、目次及内容简介译成了中文。所报导的图书均是所影印书中近年出版的外文书。本目录原为 32 开本，从 1985 年 3 月起，改为四开报纸型，仍是月刊。但每期由三部分组成：

第一部分是北京 608 信箱出版发行的理工版，包括数学、天文学、力学、物理学、能源工程、自然科学总论、技术科学总论、电子技术、计算机科学、土木建筑工程、环境科学、矿业工程、地质学等学科专业；

第二部分是北京 608 信箱出版发行的生物农医版,包括生物科学、农业科学、医药卫生等专业;

第三部分是西安 34 信箱出版发行的理工版,包括化学、化学工程、食品工业、轻工业、冶金学、机械工程、运输工程、军事科学等专业。

《外文图书 S 征订目录》,月刊,由北京 608 信箱编印。收录国外社会科学图书和语言工具书,也收录一部分港澳台地区的社会科学图书,包括政治、经济、文学、哲学、历史、法律、教育、音乐以及图书馆学等内容。

《苏联图书 E 征订目录》,季刊,由西安 34 信箱编印。主要收录以俄文版为主的苏联科技、经济、语言和工具书类的图书。

《外文图书 A 征订目录》,上海 4060 信箱编印。收录国外社会科学图书、语言工具书、语言录音带及经济管理、会计、审计等类图书。

《外文特种出版物 R 征订目录》,北京 608 信箱编印。主要收录几个主要资本主义国家的政府出版物、研究报告、技术报告,其中又以美国的 PB、AD、DOE 和 NASA 报告为主。

《外文技术标准 BZ 征订目录》,西安 34 信箱编印。收录世界各国的技术标准资料。

《外文国际专业会议 P 征订目录》,上海 4060 信箱编印。收录国际科技会议文献,内容涉及科学技术各领域。该目录对某些会议的组织举办情况及历届会议的沿革作了简要介绍,对选订会议录有较大的参考价值。

《外文专题选集、期刊特辑 N 征订目录》,上海 4060 信箱编印。主要收录国外专题论文集,期刊的增刊、特辑、累积索引和产品样本等。

此外,广州 516 信箱还编印了《中文图书 G 征订目录》,收录台湾、香港地区出版图书的影印书。

《外文现期期刊征订目录》，由三个编辑机构以同名形式分别出版，所收期刊范围各不相同：

上海版《外文现期期刊征订目录》，上海 4060 信箱编印。收录除生物、医药卫生和农业等类以外的外文科学技术方面期刊 2000 余种，以西文期刊为主。

西安版《外文现期期刊征订目录》，西安 34 信箱编印。收录生物科学、医药卫生和农业科学方面的外文期刊 700 余种。

北京版《外文现期期刊征订目录》，北京 608 信箱编印。收录社会科学和军事科学类的外文期刊 150 余种。

《俄文现期期刊征订目录》。西安 34 信箱编印。主要收录苏联近 20 个学科的科学技术期刊 300 余种。

2. 国外编印的各种书目。

国外编印的书目很多，图书馆应该很好地加以搜集与利用。通常搜集国外书目的渠道有两条，一条是通过贸易渠道有选择地向国外订购，另一条是通过非贸易渠道用交换、索取、赠送的形式获得。一般来说，只要图书馆与国外有关出版发行机构建立起长期的联系，它们将主动把各种书目寄赠给图书馆。

国外编印的书目有以下几种类型：

(1)出版社新书目录。国外一些著名的出版社都定期出版新书预告目录，用单页、书本式或期刊形式印行。内容是报导最近出版和即将出版的新书信息。如英国的 Pergamon Bulletin（培加蒙新书通报）、联邦德国的 Springer, New Books（斯普林格新书）和美国的 The Wiley Previews（威利新书预告）等。这些新书目录一般都著录详细，并有内容简介、读者对象说明等。如果能不漏期地获得这些目录（可以写信索取），按期向这些出版商选订新书，可以大大提高引进外文书的速度和订到率，保证藏书质量。

(2)累积书目、通报书目。

《图书累积索引》（Cumulative Book Index），月刊，美国 Wilson

公司出版,简称CBI。收录世界上所有用英文出版的图书,是世界英文图书的总目录。半年出累积本,一年出永久性累积本。该目录只收图书,不收期刊、政府出版物、小册子和临时出版物。由于该书目出版发行速度很快,通常能提供较多的信息。

《英国国家书目》(British National Bibliography),周刊,英国国家图书馆书目服务部编辑出版,简称BNB。该书目及时报导英国和爱尔兰出版的图书和新的报刊(新出版或改刊名报刊的第一期),还收乐谱、地图和某些政府出版物等。每年出版1—4月和5—8月累积本及全年累积本。由于该目录收录新书在新书发行前两个月,因而大大增强了它作为新书选择工具的作用。

《法文出版物总目》(Bibliographic de La France – Biblio.),周刊,由法国中央图书馆编辑出版。所收图书包括该馆收到的缴送本和比利时、瑞士、加拿大等国在法国发行的出版物。它不仅报导图书和小册子,还定期报导连续出版物、政府出版物、乐谱、地图与图谱集等。每周报导的新书按月、季、年度累积。

《德国书目》(Deutsche Bibliographie),这是联邦德国的国家书目,它收录联邦德国国内及其他国家出版的德文图书,与民主德国现行国家书目《全国德文书目》大部分重复。该书目不仅收录书业界正式出版的图书,还收录非书业界正式出版的文献,包括图书、期刊、论文和乐谱等,但它的5年累积本则只收图书。

《苏联新书》(Новые КНИГИ СССР),这是苏联专门为外国人选订苏联新书而编印的新书通报目录,逐周报导即将出版的图书,每期还推荐几种新书和部分存书,并有出版动态、消息等资料,是选订苏联图书最重要的书目工具。

(3)在版书目。也叫库存书目、在售书目。在版书目收录的图书都是当前仍在印刷发行或有出售、库存而能买到的。现在全世界大约有90多个国家编有在版书目。利用在版书目能够了解图书的存货、缺售或绝版以及价格变动等信息,有助于图书馆选订图书,减少盲目性。

《美国在版图书》(Books in Print),由 Bowker 公司出版,每年修订一次,它收录美国 14000 多家出版商在版或预期出版的出版物约 60 万种,包括图书、专题论文集、丛书等。每年在该目录的基本卷出版后,还出一个补编本,反映半年中新出的图书。该书目的著录项目包括著者、编者、书名、出版者、出版年、美国国会图书馆目录号、国际标准书号、书价等。

《英国在版书目》(British Books in Print),由英国 Whitaker 公司出版,每年 10 月出版一次,记录前一年 4 月底以前的在版图书。该目录现收录 1 万多家出版社在版图书近 40 万种。从 1978 年起,该书目还出月度缩微胶片版,使报导的速度大大加快了。

《国际在版书目》(International Books in Print),由联邦德国 K. G. Saur Verlag 出版社出版。它逐年报导除《美国在版图书》和《英国在版书目》报导之外的世界各国用英文出版的当年在版图书。仅 1979 年第一版就收录了 89 个国家和地区出版的 8 万余种图书。它和上面两种在版书目合在一起,是了解与订购全世界英文版图书的重要工具。

《法国在版书目》(Les Livres Disponibles),由法国中央图书馆编印。它逐年报导法国和世界其他国家的法文在版图书,但不包括学位论文、期刊、小册子和学会年报等。

《德国在版书目》(Verzeichnis Lieferbarer Bucher),由联邦德国书业协会编辑出版,每年出版一次。该目录不仅包括了联邦德国大部分书商的在版图书,还包括奥地利、瑞士及其他一些国家的德文在版图书。

《日本书籍总目录》,由日本书籍出版协会编印,每年出版一次。该目录收录 3000 多家出版社各种在版的日文图书 20 多万种,但不收政府出版物(该书目是日本的在版书目,日本的国家书目是《日本综合图书目录》)。

（4）书评、书讯。

《出版商周刊》（Publisher's Weekly），美国 Bowker 公司出版，是美国具有权威性的出版界周刊和书评杂志。内容除报导出版消息、提供出版统计资料外，还辟有"每周记录"和"新书预告"两个专栏，前者介绍上周新书，后者预告即将出版的图书。该杂志一年评介政治、文艺及一般畅销书近 2 万种。此外，每年还有春夏秋专辑和儿童读物专目。但该杂志不报导、评介政府出版物、期刊、小册子、重印书和论文等。

《选目》（Choice：Books for College Libraries），由美国大学与研究图书馆协会编印，月刊（7、8 月合刊），主要介绍美国和加拿大出版的相当于大学水平的学术出版物及一些在美、加发行的其他国家出版的英文学术著作。每年介绍新书 5000 种，所有收录的新书除基本著录事项外，还有由从事教学工作的教员和图书馆员为其撰写的简短书评。该杂志是高校图书馆选择国外图书的重要工具。

《书评摘要》（The Book Review Digest），由 Wilson 公司出版，月刊（除 2、7 月）。每年选评美国各出版商出版的新书 5000 余种。由于它是汇集一些主要报刊的书评，而且每种图书必须有 2 篇以上评论文章才收，因而它选评的图书都具有一定的水平，可供图书馆界选订时参考。

《书商》（The Bookseller），由英国 Whitaker 公司出版，是报导英国出版界动态和评介英国出版图书的参考工具。

（5）报刊目录。

《乌利希国际期刊指南》（Ulrich's International Periodicals Directory），由美国 Bowker 公司出版，双年刊。该指南收录的刊物范围极其广泛，包括各种综合性和专科性期刊达 385 个学科、65000 种。正文按学科分类编排，每类下按刊名字顺排列。著录项目包括：杜威十进分类法的类号、国别代号、国际标准期刊号、刊名（非英文期刊,原刊名在前,后随英文译名)、副刊名、文种、创刊年代、订价、出版者名称与地址、编者等。若是改名的期刊,还加注前名。此外,还注明期刊被索引或文摘摘录的情况。该指南是同类期刊目录中最重要、最常用的,是图书馆选订外文期刊不可缺少的工具书。

《国际不定期连续出版物与年刊指南》(Irregular Serials and Annuals; An International Directory),这是《乌利希国际期刊指南》的姐妹篇,每两年出版一次。在收录范围上,前者限于一年出刊两期以上的刊物,后者则收录年刊、双年刊或刊期更长的和不定期的连续出版物,包括会议录、学报、会刊、年鉴、年评、学科进展丛书、专题论丛及非书非刊出版物。收录刊物按 200 个主题分类排列,共收录 35000 余种刊物。

《乌利希季刊》(Ulrich Quarterly),是上述两种书目的补篇,每年 3、6、9、12 月出版,及时报导新出版的刊物,提供新刊的名称、刊名变化、停刊、合刊等新情况,每期约收录 2500 种刊物。

此外,要了解美国和加拿大报刊出版情况,可参考美国出版的《标准期刊指南》(Standard Periodical Directory);要了解英国的报刊,可参考英国出版的《威林斯报刊指南》(Willing's Press Guide);要了解联邦德国的报刊,可参考《德国报刊指南》(Der Leitfaden fur Press und Werbung);要了解法国的期刊,可参考《法国期刊索引》(French Periodical Index);要了解苏联的报刊,可参考苏联出版的《期刊和连续出版物年鉴》(летописъ Периодинескихи продолжающихся изданий);要了解日本的刊物,可参考《日本杂志总览》等。

(6)新型载体文献目录与指南。

《在版缩微品主题指南》(Subject Guide to Microforms in Print),由美国缩微品评论公司出版,年刊。它是在版缩微品综合累积目录,内容包括图书、杂志、报纸、政府出版物、档案资料和其他专项资料、成套资料等,附有出版机构一览表。

《国际文献公司缩微品出版物目录》(Microforms Catalogue of Inter Documentation Company AG),由国际文献公司出版。该公司是专门生产古老、绝版、难得资料缩微胶片的出版商。从1957年起该公司摄得缩微胶片母片已逾250万张,可随时印制正片供应订购者。其摄制缩微胶片的选题计划均由专家学者制定,原件大都珍藏在世界各地的主要图书馆中。现已印就的数十种专题目录,包括动物学、药学、法律、语言学、美术史、非洲研究资料、农业书目之书目等,函索即寄。

《缩微品市场》(Microform Market Place),由英国世界缩微出版物公司出版,年刊。内容包括世界各地400多个生产缩微品机构的名称、地址、主要出版计划和缩微资料所属的主题范围等。其中介绍的缩微品机构约半数以上是非商业性的。该指南对于图书馆选择缩微品的订购对象很有参考价值。

《视听资料市场:多媒介指南》(Audiovisual Market Place:A Multimedia Guide),由美国Bowker公司出版。全书分视听软件、视听硬件和参考资料3个专栏,再复分为25个部分,较完整地概括了美国视听资料的出版、销售、服务以及现有的重要参考书的情况。由于该书着重于视听资料的出版、销售和设备制造厂商的介绍,对图书馆选择采购途径有较大参考价值。

对于机读文献,由于目前主要是二次文献,图书馆如果需要购买,可根据需要直接从生产单位引进。

现在我国一些大型图书馆,还开始直接利用美国国会图书馆的机读目录(MARC)作采访书目,效果很好。由于MARC年记录总量达25万条款目,几乎收录了所有英语国家的出版物,且著录全面、报导及时(每周发行),很值得推广。

第六节　藏书采访工作流程

藏书采访工作是图书馆的一项技术工作,有严格的程序及要求,其流程大体分为三个阶段:搜集阶段、接收阶段和登记阶段。

一、搜集阶段

图书馆在订购文献前,必须了解文献的出版发行情况。为此,广泛地收集各种书刊征订目录应该是搜集文献的第一步程序。

第二步,是对征订目录上的书刊进行圈选。要根据图书馆的性质任务、读者对象和书刊的内容质量进行选择,这是充分发挥藏书采访人员聪明才智的关键。为了使选择的书刊更合理、准确,在可能的情况下,应组织集体选书,依靠馆内外的专家共同讨论,决定取舍。一般情况下,对于外文原版书刊、昂贵的中文书刊,都应该听取专家学者的意见,由藏书采访委员会集体决定取舍。

经过圈选决定购置的书刊,还必须进行"查重"。所谓查重,就是检查核对本馆以前是否订购过这种书刊以及订购的数量,以避免重复。查重是控制书刊复本量,保证订购质量,节约经费、人力的重要保证。只有在确定了以前没有订购或虽已订购,但复本量不够的情况下,才能最后决定需要订购及订购的册数。

查重的工具主要是公务书名目录和采访部门的图书预订目录。公务书名目录反映已到馆并已编目入库的书刊;预订目录则是反映已订购但还未到馆的书刊。两种目录不能互相取代。尽管编制预订目录比较耗费人力、物力,但它却具有以下好处:

1.便于读者查询某种书刊图书馆是否订购;

2.便于陆续出版的多卷书配套;

3,可作为验收书刊的依据,有时候书店主动发来一些本馆未

订的书,有了预订目录就可以进行区分;

4.可以避免从订购图书到该书反映在公务目录上期间出现的重购现象。

目前我国还有相当一部分图书馆订购图书而不编制预订目录,仅仅利用公务目录查重,这是需要改进的。

预订目录的编制应包括以下内容:国际标准书号、书名、著者、出版者、出版年、版次、装订、开本、订购册数、订购处、订购时间、订单编号等。有的图书馆直接将征订目录的有关款目剪下贴在预订目录卡片上,也十分简单明了。

预订目录的排列,可按国际标准书号的顺序进行,没有国际标准书号的,按书名字顺排。但是订购卡的排列方法中外文有所不同。

中文书订购卡的排列方法,常用的有:笔画排列法、音序排列法、四角号码排列法等。外文书订购卡主要按书名字顺顺序排列。其中,西文、俄文书订购卡按其字母顺序排列,第一字母相同的,再按第二字母排列,余类推。日文书订购卡的排列应区别两种情况:一是书名为假名的,按日文五十音图的顺序排(不分平假名、片假名)。其中,浊音按清音排;促音、拗音按直音排;外来语中除促音、拗音以外的小字也按直音排;而外来语中的长音符号则省略不排。二是书名为汉字的,按汉字的笔画多少排,笔画相同的,再按笔形顺序排,第一字相同的,按第二字排,余类推。对于影印版外文书订购卡,可按征订目录上的征订号顺序排。丛书、多卷书订购卡的排列,无论中外文都应单独组织,卡片排列可按卷次号顺序排。

国际标准书号(International Standard Book Number),简写为ISBN,首先由美国鲍克公司经理提出,由英国最先采用。1968 年,国际标准化组织(ISO)在瑞典的斯德哥尔摩召开会议,正式向各成员国推荐实行。中国于 1987 年 1 月 1 日起实行。ISBN 作为国际上正式图书的统一编号,由 10 位数字分四段组成。如 ISBN 7 – 5051 – 0002 – 5。

第一段数字是国家或语言区的分组识别号,按国家或语言区编号。0、1 为英语区,2 为法语区,3 为德语区,4 为日语区,5 为俄语区,……7 为汉语区,还有一些国家和语区是两位数编号。

第二段数字是出版社代号。根据出版社规模大小,用 2—7 位数表示,出版社越大,出书越多,所用位数越少,以便为第三段留下较多的位数。

第三段是书号,是各出版社自行编制的出版顺序号,用 1—6 位数字表示。

以上三段数字合起来共有 9 位数。每一组数字的多少可以变化。

第四段数字是核对号,只有一位数,从 0—10 都行,但如果是 10 就用 X 表示,它用来检验 ISBN 是否正确。检验方法是将 ISBN 前九位数分别乘以 10、9、8、7、6、5、4、3、2;乘积之和再加上核对号数,最后用模数 11 除尽。若除不尽,表明该 ISBN 有错。

上面所举例子 ISBN7 – 5051 – 0002 – 5 代表:中国—红旗出版社—出的第二本书,书名为《坚持四项基本原则讲座》。

国际标准书号不仅可以用来排列预订目录,它更经常被用于图书采购工作,用它订购图书、发行图书,具有方便、实用、可靠等优点。图书采访人员应该熟悉它、掌握它。

完成了查重工作后,第四步程序就是根据收订单位的要求填发订单或委托单。下面是中国图书进出口总公司印发的订购外文原版图书和期刊的订单样式:

图书订购单 　　　　　　　　　　　　订单号＿＿＿＿＿＿＿
　　　　　　　　　　　　　　　　　（订户勿填）

　　　　　　　　　　　　　　　　　户　　号＿＿＿＿＿＿＿

本单号＿＿＿＿＿＿＿填单日期＿＿＿＿＿＿＿订户名称＿＿＿＿＿
　　（订户自编）

出版者地址＿＿＿＿＿＿＿＿＿＿＿＿＿＿＿＿＿＿＿＿＿＿＿＿＿

　　　　　＿＿＿＿＿＿＿＿＿＿＿＿＿＿＿＿＿＿＿＿＿＿＿＿＿

作　者＿＿＿＿＿＿＿＿＿＿＿　　订购份数＿＿＿＿＿＿＿＿＿

书名(全称)＿＿＿＿＿＿＿＿＿＿＿＿＿＿＿＿＿＿＿＿＿＿＿＿＿

　　　　　＿＿＿＿＿＿＿＿＿＿＿＿＿＿＿＿＿＿＿＿＿＿＿＿＿

出版年代＿＿＿＿＿＿＿＿＿＿＿　　单价＿＿＿＿＿＿＿＿＿＿＿

材料来源(或书号)＿＿＿＿＿＿＿＿＿＿＿＿＿＿＿＿＿＿＿＿＿＿

　　　（请加盖公章后将此单一式二份寄北京 2825 信箱）

外国报刊订购单

报刊续订,本单继续有效,请审慎选订,正确填写

份数	刊　名　及　国　别					
刊号		户号		起订年度		年价 ¥	
订名 户称				订盖 户章			

　　订单填写完后,必须注意在截止订期前送交收订单位,如需预

137

付款时,同时交付预订金。

订单发出后,应及时将编制好的预订目录卡片排入预订目录。

二、接收阶段

在预订的文献到货后,应立即按收订单位通知的时间与地点去提取文献和结算帐目。要认真核对书刊与发票金额,检查数量与品种是否和预订的相同,如有问题,应及时与收订单位联系解决。

预订的文献取回图书馆后,应同发票一起交登录人员进行验收。验收合格后,再找主管财务的负责人签字并报帐。

三、登记阶段

包括加盖馆藏章、打登录号码、进行图书财产的总括登录和个别登录。然后这批文献就可以移交编目部门(或直接送去新书陈列)。至此,藏书采访的所有程序就完成了。

下面是藏书采访工作的流程图:

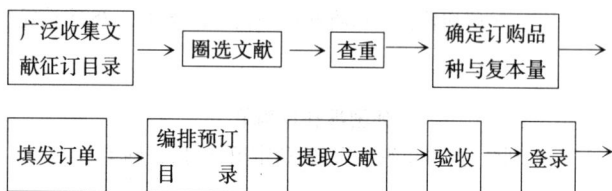

138

第七章　图书馆藏书的验收与登记

第一节　图书的验收与登记

一、图书的验收

图书馆搜集的图书进馆后,要由验收人员进行验收,以保证进馆图书的质量和数量,使藏书采访工作程序与财务手续更加完善;同时要对书店等单位主动发来的非本馆预订图书进行鉴别和挑选。它是保证图书馆藏书的书、帐、卡一致的第一环节。图书的验收包括数量验收和质量验收两个方面:

1. 数量验收。

先按购书清单或发票上所列书名核对来书,看其是否相符,并检查来书是否与预订的种、册一致,发票上的金额是否正确。如果发现错误,应告诉采购人员立即同书店联系,改正发票或退回、补换图书。

对于捐赠或交换等非购入的图书,没有发票单据,则需制作一张收书的凭单,注明凭单编制的时间、顺序号、图书的来源、种数、册数、价格等。接收图书人员要在凭单上签名。

2. 质量验收。

质量验收一方面是对图书的外形、装订、版别等情况一一进行检查,如果有残缺、倒装、污损或其他不符合规格的图书,应及时向书店提出调换;另一方面,质量验收是对图书的内容进行检查,看到馆图书本馆是否需要。如发现有不符,应在加盖馆藏章前及时向采购人员提出,以便采取措施,减少不必要的损失。

验收完毕后,采购人员要从预订目录中抽出已到图书的预订卡,或在卡上加盖到书日期。然后,采购经手人、验收人、负责人在发票和验收单上签字,向财务报销。

图书经验收无误后,还要在每本书上加盖馆藏章,表示该书已正式成为图书馆的财产。馆藏章一般盖在书名页的正中或空白的地方,还可以在书的特定页上加盖一个章,以备查考。

二、图书的登录(登记)

1. 登录的作用。

图书馆凡是入藏或剔除一切文献,都必须进行登录。藏书登录有以下作用:

(1)作为补充、整理、保管藏书的依据,使图书财产有完整的记录;

(2)保证图书馆藏书的完整性,防止错、乱、丢;

(3)作为入藏、清点、剔除、注销、转移藏书的清册,便于了解藏书动态;

(4)具有统计作用,是总结工作、制定计划的重要依据。

2. 登录的种类和形式。

藏书登录分总括登录和个别登录两种。

(1)总括登录。又叫总登记或总登录。它是根据每批收入图书的验收凭据或者每批注销图书的批准文据,分别将各类图书的总册数、总价格等情况分别登记在《图书馆藏书总括登录簿》上。

总括登录包括三个部分:收入书刊部分、注销书刊部分和总结部分。其参考格式如下:

总括登录表（收入部分）

入藏日期	顺序号	书刊来源	附带文据号码	书刊总数			收入书刊类别									备注
				图书	期刊	总价	经典著作	政治理论	哲学社会科学	自然科学	农林	医药卫生	文学艺术	通俗读物	综合性图书	
86.3.11	23	购入	37642	500		1200.00	20	10	40	100	30	60	150	50	40	

总括登录表（注销部分）

注销日期	顺序号	批准日期	注销文据号码	注销总数			注销书刊类别									注销原因			备注
				图书	期刊	总价	经典著作	政治理论	哲学社会科学	自然科学	农林	医药卫生	文学艺术	通俗读物	综合性图书	读者丢失	调拨交换	藏书剔除	
87.11.20	51	87.11.3	16	253		514.30	24		59	65	65	35	70			√		√	

总括登录表（总结部分）

年

年度总计情况	书刊总数			书刊类别									备注
	图书	期刊	总价	经典著作	政治理论	哲学社会科学	自然科学	农林	医药卫生	文学艺术	通俗读物	综合性图书	
上年度累计													
本所年度收入													
本年度注销													
本年度实存统计													

总括登录表中的顺序号(每批书刊收到或注销的顺序号)称为"总括登录号",可以按年度编排,每年从第一号开始。每批收入或注销图书只用一行登记,并只有一个总括登录号。总括登录表中的书刊类别,是按各主要知识门类粗略划分的,各馆应根据本馆采购书刊的重点和基本藏书类别来划分。

总括登录表的总结部分是按年度填写的。

总括登录的特点是不录写每册书刊的书名而只进行每批书刊总册数、总金额、分类数的登记。通过总括登录,可以迅速了解和掌握全馆藏书的动态,包括各类图书的入藏、注销以及馆藏总册数、总价值等一切情况。

(2)个别登录。又叫个别登记。它是按每册图书进行登记,每册书给一个登记号,称为"个别登录号",它成为这本书的财产登记号。个别登录要将每册书的书名、著者、版本、书价、来源以及所属的总括登录号等逐项记入《图书财产登记簿》中。个别登录的作用在于检查每本书的入藏历史,使入藏图书个别化,以利于清点、流通、注销、统计。

个别登录的参考格式如下:

个别登录表

登记日期	登记号	总括登录号	书名	著者	出版者	出版年	单价	来源	注销			备注
									时间	原因	处理意见	
86 3.11	36851	23	列宁论图书馆	周文骏	北大出版社	1984	0.90	购入				
86 3.11	36852	23	图书分类	北大图书馆系	书目文献	1983	1.10	购入	87. 11.20	读者丢失	赔偿	
〃	36853	〃	〃	〃	〃	〃	〃	〃				

个别登录时,一册书给一个号。但由于登录号的编制方法不同,因而个别登录号可分为以下几种形式:

①总册序号。又称大流水号,按入藏图书的先后顺序,一册书给一个号,逐渐累积。它的优点是号码连贯,能及时反映馆藏总册数。目前我国绝大多数图书馆都以它作为个别登录号。但它的缺点是不能直接反映每年的入藏数,且号码冗长,一些大型馆已达7位数以上。

②年份册序号。先按年代给号,再按每年入藏先后顺序给每册书一个号,一般用二段数字表示。如86—2348,表示该书是1986年入藏的第2348册图书。这种编号法能反映每年的入藏数,但缺点是号码较长,历史悠久的图书馆会发生重号现象。

③文种册序号。先按文种区分,再按入藏先后顺序给号。各文种的代号通常用相应的英文词语首字母表示,如E表示英文、F表示法文、G表示德文、R表示俄文、J表示日文等。"E3697"、"R565"等就是这种登录号的例子。

④类型册序号。先按出版物类型给予代号,再按同类文献的入藏顺序编号。如用B代表图书,可以有B 11546这样的号码。

通常,图书馆如果采用文种册序号或类型册序号,需要准备多个登录簿。不同文种、不同类型的文献不宜连续混合记在同一登录簿上,以免发生混乱。

图书的个别登录号确定以后,不仅要记录在个别登录簿上,还要记在每一册图书上,以此作为图书馆借还书时的凭证。

个别登录对于进书量和剔除注销量很大的图书馆,需要耗用较多的人力、物力和时间,因而近年来有人建议将每本书的登录改为每种书登录,也有人建议不用簿式登录而改用在卡片上直接记录个别登录事项,使个别登录与公务目录合一等等。这些新的尝试在一定程度上简化了登录工作程序。总之,关于登录方式简化问题,应根据具体情况认真研究决定,要以提高登录质量和有利于藏书管理为前提,保证登录事项完整、准确、及时、一致。

第二节　报刊的验收与登记

一、报刊的验收

验收本馆预订的报刊,要注意报刊的质量,检查是否有缺页、倒装、破损等现象,还要注意收到的报刊是否本馆所订,特别是报刊名称比较接近的是否混淆而被邮局错误投送。验收外单位寄送的报刊,要注意做好接收记录。

报刊验收合格,要立即盖上馆藏章,使报刊成为图书馆的财产。

二、期刊的登记

经验收以后的期刊,要进行登记。期刊登记又分现刊登记和过刊登记两种。

现刊登记是指现期期刊到馆后马上进行的登记,又称现刊记到。它是期刊最原始的财产登记。通过现刊登记,能迅速了解期刊的到馆情况,发现缺期及时催补;还能了解期刊本身的变化,有助于回答读者咨询。

现刊登记采用期刊记到卡进行。记到卡的项目有:刊名、刊期、刊号、卷号、期号、编辑单位、出版单位、创刊年及停刊、附注等。每种期刊一张卡片,所有卡片按刊名字顺排列。通常每张卡片可用四至五年,不必每年重新编制。下面是期刊记到卡的样式:

期刊记到卡

刊名				刊期				刊号					订数		

编辑者 ＿＿＿＿＿＿＿＿＿ 出版者 ＿＿＿＿＿＿＿＿＿ 发行者 ＿＿＿＿＿＿＿＿＿

年	卷	1	2	3	4	5	6	7	8	9	10	11	12	备注

期刊变更事项：＿＿＿＿＿＿＿＿＿＿＿＿＿＿ 定价 ＿＿＿＿＿＿

○

每当收到期刊时,在记到卡相应的栏目里,划上"√"的记号,表示该期已收到。

如果期刊发生改刊名、合刊、增刊、停刊等情况,应及时在备注和期刊变更事项栏内注明,以便今后的装订和分编工作能顺利进行。

现期期刊经过验收、登记之后,就可以移交流通阅览部门供读者借阅。

过刊登记是等一定刊期的期刊到齐后,进行装订,然后对期刊合订本进行统筹登记。进行过刊登记有助于避免差错,保证期刊的系统完整。过刊登记也可分总括登记和个别登记,登记方法大体和图书登记相似,但格式可以简单一些。

三、报纸的登记

报纸到馆后,也要进行登记,这项工作几乎天天都要进行。报

146

纸登记同期刊登记一样,也是采用"记到卡"记到。每天收到报纸后,在记到卡相应的方格中标一记号"√"。这样就可以每天检查所订报纸的到馆情况,如有缺漏及时进行催补。

报纸记到卡的格式如下:

报纸记到卡

报纸名称:	刊期:	份数:	19 年	备注

月份	日 期																															备注
	1	2	3	4	5	6	7	8	9	10	11	12	13	14	15	16	17	18	19	20	21	22	23	24	25	26	27	28	29	30	31	
一月																																
二月																																
三月																																
四月																																
五月																																
六月																																
七月																																
八月																																
九月																																
十月																																
十一月																																
十二月																																

一定刊期的报纸到齐后,也应装订成册,并进行报纸合订本的总括登录和个别登录。

第三节　缩微资料和声像资料的登记

一、缩微资料的登记

缩微资料形式各异,除本身编有固定序号者外,其它缩微资料以采取簿式登记为宜。缩微资料登记的格式如下:

缩微资料登记表

登记日期	资料序号	资料名称	件名及编号	主要内容	资料类型	片基性质	来源	数量		存藏情况					备注
								卷数	长度	柜号	屉号	粘	脆	其它	

二、声像资料的登记

1. 录音磁带的登记。

录音磁带的登记方法多种多样,通常可采用卡片式登记的方式,其参考格式见 149 页。

录音磁带登记卡

编号　　　　　　　　　　　　　　　　　　　　　类号

外文名						
中文名						
速度		时间		音轨		音质		来源	
适用水平		磁带规格		录制日期	
文字资料		出版单位		出版时间	
备　　注						

2. 影片的登记。

影片一般采用簿式登记,其格式如下:

影片登记表

登记时间	编号	语种	影片名称	摄制时间	摄制单位	色彩	带宽	片基	长度或放映时间	卷数	价格	备注

149

第八章　图书馆藏书的组织

　　图书馆经过选择、收集和加工的文献,必须用科学的方法加以组织,才能最后形成系统化的藏书体系。图书馆藏书的组织,作为藏书建设的基本内容之一,是一系列有顺序的过程和操作。借助于图书馆藏书组织,图书馆藏书才能得到系统、完整的保存,读者才能对藏书进行有效的利用。

　　所谓图书馆藏书的组织,就是将图书馆收集并加工的文献,按照一定的要求,进行合理的布局与科学的排列,使藏书与读者需求能在最恰当的地方得到相互沟通并有序结合,从而达到对图书馆藏书积极利用和妥善保存的目的。

　　藏书组织工作在图书馆业务工作中又称为(藏书)典藏工作,通常由典藏部门负责。藏书组织工作是藏书收集、加工和提供读者利用的中间环节,具有十分重要的意义。

第一节　藏书布局

一、藏书布局的含义

　　藏书布局有宏观和微观之分。藏书的宏观布局又叫藏书的整体布局,是指一定地区或国家所有图书文献的布局;藏书的微观布

150

局则是指一个图书馆内各种图书文献的布局。图书馆藏书组织过程中进行的藏书布局，是微观的布局。

图书馆的藏书由于日积月累，形成了数量庞大、类型复杂、内容广泛、文种多样等特点。藏书的布局就是要把图书馆入藏的全部文献按照学科性质、读者对象、载体形式、文献类型等特征，划分成若干部分，建立各种功能的书库，为每一部分藏书找到最适当的存放位置，以便保存和利用。

二、藏书布局的基本要求

1. 能够使藏书得到有效利用，充分发挥藏书的作用。图书馆藏书作为一种情报源，必须经过整序才能得到充分利用，藏书布局是整序的继续和发展。从这个意义上说，藏书布局应该通过对藏书的划分与组织，使这一情报源达到有序化，从而使藏书得到有效的开发与利用。

2. 能够使藏书照顾到各方面读者的需要，便于读者迅速找到所需要的书刊，提高读者服务工作效率。如公共图书馆把藏书划分为文艺书籍、社科书籍、自然科学书籍、少年儿童读物等，分别予以组织和流通，方便了不同类型的读者。

3. 便于图书馆工作人员熟悉和研究藏书，提高工作质量。为了达到这个目的，现代图书馆特别强调把藏书区分为常用书和呆滞书(有的称为动态藏书和静态藏书)，分别进行组织。不同文献采用不同的方法进行管理与流通，可以使藏书得到有效的排列、检索、清点与保护。

4. 藏书存放的位置，要同图书馆各工作部门相协调。藏书从登记编目到送进书库，再从书库被提到阅览室、借书处、参考咨询室，这中间要能灵活、迅速地运转，互不交叉干扰，尽量减少书刊运送的路程。

5. 能够保证藏书的系统完整，避免丢失与损坏。

三、藏书布局的空间结构形式

图书馆藏书布局的基本方式,就一个图书馆的整体来讲,主要是根据图书馆书库的建筑方式来进行规划、设计的。图书馆书库决定了藏书布局的空间结构:或者是展开式的水平布局,或者是高层式的垂直布局,或者是立体交叉式的混合布局。

1.展开式水平布局结构。

20世纪30年代以前,世界各国大多数图书馆由于藏书不多,建筑规模也不大,图书馆建筑的三个主要部分即书库、阅览室、工作人员办公区是共处于一个水平面上的。因此把藏书布局在这样的书库,就称为展开式水平布局。水平布局的最早形式是在室内沿墙摆放书架,便于在室内看书。以后随书刊入藏量的增加,使得书架排列改为平行或放射状,书库也逐渐展开,书库占据空间范围越来越大。在这种情况下,书刊传递的路程(指索书条→书库取书→交给读者→书刊归架)也就大大延长了。因此,现在大中型图书馆的书库都建成多层形式,以减少藏书布局的分散现象。

除了小型图书馆(室)目前继续全部采用水平布局方式外,许多有多层书库的大中型图书馆仍局部采用这种方式布局藏书,尤其是直接面向读者的开架流通书库。书库、阅览室、借书处在同一水平面,便于藏书接近读者,提高藏书的利用率。通常大中型图书馆有若干个分科借阅体系,每个体系可分别占用一个楼层平面,国外形象地称之为"分层蛋糕"式的水平布局。

虽然水平布局的方式比较灵活,但为了使在同一个平面上的任何地方都能摆放沉重的书架,不得不提高图书馆建筑的造价,这在经济上是不合算的。

2.高层式垂直布局结构。

20世纪30年代以后,藏书布局的理论与技术得到很大发展,从一个平面的布局发展为多层式的布局,图书馆的建筑因而出现了塔式书库。这种塔式书库能使藏书在最小的空间范围内得到最大的集中。塔式书库作为图书馆的基本书库,经常与图书馆的其他建筑分开,无论是被阅览室所环绕的书库,还是与阅览室相连接的书库,都通过专门的通道或运输线路与图书馆其他部门发生联系。这样不仅能保持藏书的安全状态,还能使书库藏书与读者保持短距离的联系。因而现在大中型图书馆的书库广泛采用了这种结构。

但是高层式的垂直布局也有它的缺点。为了迅速传递书刊资料,每层书库都应该设置管理员,但这势必降低劳动效率;如果每人负责几层书库,又会使工作人员体力负担过重,影响读者服务效率。此外,这种书库大都安装了全自动或半自动的运输设备和联络设施,也占据了不少的藏书空间。

3.立体交叉式的混合布局结构。

为了吸收水平布局和垂直布局的优点并减少其缺点,近20年来,在许多藏书结构复杂的大型图书馆中采用了水平与垂直混合布局的方法。混合布局的实质是区分藏书,即把常用书尽可能放在和阅览室处于同一水平面的书库,使这部分藏书能直接与读者发生联系;而把呆滞的罕用书放在书库中不与各阅览室联接的垂直位置上,形成立体的交叉布局。

一般来说,从藏书规模上看,10万册以内的小型图书馆通常可采用水平布局,使图书的验收、编目、典藏、流通直接发生联系;而10万册以上的图书馆则应有单独的书库建筑,藏书布局以1、2两种方式并用;对于100万册以上的大型图书馆,最好能建立塔式书库,藏书宜采用立体交叉式布局。

四、书库的划分

书库的划分是藏书布局的核心问题,以上各种藏书布局方式都会涉及到这个问题。因此,我们完全可以把图书馆藏书布局理解为:由各种书库划分标志的实际运用而形成的既有平行关系、又有层次关系的图书馆藏书在图书馆空间的分布。

书库划分的标准可以从文献类型、文种、学科属性、读者对象等方面考虑,也可以从文献的使用效率方面考虑。我国图书馆界习惯按藏书的用途及使用方式,把书库划分为基本书库、辅助书库和专门书库;国外许多图书馆则按藏书利用率组织三线书库。一般来说,不同的书库具有不同的藏书结构和功能。

1.基本书库。

基本书库是图书馆的总书库,是全馆藏书的基础。它的基本特点是:藏书数量大、学科门类广、类型多样化,由若干不同功能的子书库共同组成,在全馆藏书中起总枢纽、总调节的作用。

基本书库贮存了馆藏所有书刊的品种,既包括推荐性的常用书、供研究用的参考书,也包括不常用的资料书;不仅有印刷型的书刊资料,也有其他载体的非印刷型文献;既有可供公开借阅的书刊资料,也有内容保密或其他限制流通的内部资料。总之,基本书库的藏书从内容和数量上反映出图书馆藏书的性质、规模和满足读者需要的能力。

由于基本书库的藏书成分复杂、类型多样,为了更好发挥各类藏书的作用,图书馆通常还按藏书的学科性质、出版物类型、使用的文种、藏书的用途把基本书库再划分为若干部分,把各类图书分别安置。如按学科性质设置社会科学书库、自然科学书库、文学读物书库等;按出版物类型设置报刊书库、特种文献书库、缩微资料库、线装书库等;按文种设置中文书库、外文书库、少数民族语文书库等。这种划分对大型图书馆是必不可少的,而小型图书馆则不必划分太细。

我国许多图书馆在基本书库中还单独设置一个保存本书库,这种书库又称样本书库。图书馆设置保存本书库的目的,是为了保持入藏图书品种的完整,以满足读者特殊的需要。一般是把图书馆入藏的每种图书抽出 1—2 本作保存本,不提供外借,只供馆内备查参考。这种做法,一般基层图书馆不宜提倡,因为它势必减少藏书的流通率,造成图书资源的浪费。

基本书库作为图书馆藏书的总书库,对辅助书库和专门书库起着调节的作用。主要表现在:当图书馆为了完成某一特定任务,需要组织辅助书库和专门书库或需宣传图书、陈列图书时,便从基本书库中抽调有关书刊;而当任务完成后,需撤销有关藏书时,这些书刊仍回归基本书库。此外,当其他书库出现失效图书、多余复本书和流通率很低的呆滞书时,也回归基本书库。

基本书库一般采用闭架形式借阅,通过图书馆员做媒介进行书刊的传递,因而产生的拒绝率较高,读者借书等候的时间也较长。我国许多图书馆长期以来,一直只设基本书库进行藏书流通,被读者批评为"重藏轻用"。图书馆界则称这种藏书系统为"封闭系统",称这种典藏制度为"单一典藏制"。

2. 辅助书库。

为了弥补基本书库在藏书利用方面的不足,图书馆通常设置一些辅助书库,以方便读者借阅藏书。

所谓辅助书库,是指图书馆为阅览室、研究室、参考室、借书处等读者服务部门所设的书库。从功能上讲,它是对基本书库的辅助。它一般依附于读者服务部门,其藏书具有相对的独立性。

组织辅助书库要有明确的目的,应根据读者需要选择具有现实性、推荐性和参考性的藏书,使辅助书库成为图书馆藏书流通率最高的书库。

由于辅助书库的藏书利用率一般较高,是最接近读者而为读者所常用的书库,因此要不断对其藏书进行调整。要把那些情报含量高、科学或艺术价值大、受读者欢迎的新书源源不断地补充进来,而把那些失去了参考价值、较少为人利用的藏书及时剔除出去。

辅助书库的藏书一般不宜太多,但学科范围要集中,以适应特定读者群的需要。同时辅助书库的设置也要适当,不要使图书馆藏书过于分散。

3. 专门书库。

又叫特藏书库。图书馆设置专门书库的原因,是由于图书馆的某一部分藏书需要进行特殊的保管或由于图书馆的某些读者对某些藏书有特殊的需要。

图书馆建立的专门书库,在一定程度上反映了该馆的藏书特点。如北京图书馆的手稿专藏、善本书专藏、联合国文献专藏等;省级公共图书馆的地方文献专藏、历史文献专藏等;科学院图书馆的缩微文献专藏、特种文献专藏等。不同类型、不同规模的图书馆,设置专门书库的标准不一样,应根据本馆的实际需要和可能条件而定,不是每一个图书馆都必须设专门书库。

专门书库的藏书通常是图书馆经过长期积累而得到的系统、珍贵文献,需要集中组织、集中保管,不作一般流通借阅使用,仅供特殊需要者参考。由于专门书库对管理的要求比较特殊,为方便工作,许多图书馆都把专门书库的藏书从搜集、整理、典藏到使用统一起来,由专人负责,并建立专门的机构负责管理。如善本特藏部、地方文献部就是省级公共图书馆经常能见到的机构。图书馆界习惯称之为"一条龙"管理。

基本书库、辅助书库和专门书库这三种书库之间,既相对独立又互相联系,有时甚至不能截然分开。它们在功能上互相配合,最终完善了藏书体系。

从以上分析可知,图书馆藏书布局是一个动态的过程。为了便于管理,大型图书馆应该建立统一的藏书调配制度,由专人负责全馆藏书的分配与回归。

五、闭架藏书布局的特点

传统的藏书布局基本上采取闭架的方式。采用闭架布局的书库,一般不允许读者进入或只允许少量专家进入。因此,它的任务主要不是向读者揭示藏书,而是向图书馆员揭示藏书。它不需要为读者预留活动区域,因而可以尽可能地提高库存容量。

闭架书库容书量的指标应根据各馆实际情况确定。通常我国各类型图书馆书库容量的大概指标是:线装书 500 册/平方米;中文图书 450 册/平方米;外文图书 250 册/平方米;期刊合订本 120 册/平方米。它们是根据公式 $C = \dfrac{S}{V}$ 计算出来的,其中 C 为每平方米书库文献的贮存量;S 为书库的总容书量;V 为书库的面积。现在世界各国都在探寻进一步提高闭架书库容书量的方法,以求得最小空间的藏书最大集中。

闭架书库通常使用高度为 205 厘米的七层平面或双面书架,书架间的行距在 80 厘米以内。为了充分利用书库空间,目前有一些图书馆开始试验把藏书按常用和不常用加以区分,除常用书按正常布局外,不常用书采用了密集布局形式,利用有轨移动式书架,扩大了书库空间。但是这种移动式书架需耗费大量的资金,许多中小型图书馆难以负担。

六、开架藏书布局的特点

开架书库要直接向读者揭示藏书,因此布局的任务是帮助读者能比较容易地独立了解藏书,并从中选出所需的文献。这种布局方法可实现对读者的间接阅读指导,因为读者是进入书库直接选书,这比查阅目录、图书馆员推荐等方式更能有效地影响读者。根据这一特点,图书馆并不是要把全部藏书用开架方式展现在读者面前,而只是把其中最适用的部分,尤其要把那些推荐性的书刊放在最醒目、最方便的地方。必要时,还可以组织专架陈列,把优秀的书刊摆放在读者的必经之处,使它们如克鲁普斯卡娅所说的那样,"自己往读者手里钻"。

为了方便读者充分了解藏书,在开架书库应该有一整套指导读者的宣传辅导手段,以便揭示藏书内容,指明读者所需文献的位置以及说明有关的注意事项。这种手段包括藏书布局图、书架类目标志、读者须知等。为了减少开架书库藏书错架的现象,可以在同类书的书脊上做上彩色书标,以便辨认。

开架藏书布局不要求书库容量的高标准,而主要是方便读者。通常每米书架格层平均放书 30—40 册,而不像闭架书库要放 50 册。书架的格层数也只有 6 层,取消最下面的一层。为了便于读者在书架间穿行、停留,书架间应留出较宽的活动区域,书架行距至少要在一米以上。

七、三线典藏制布局方式

在图书馆实际工作中,我们很容易观察到这样的现象:图书馆藏书的各部分并不是被读者均衡利用的,有些文献利用率很高,有些文献利用率很低,有些甚至极少被利用。经过大量的统计分析,美国图书馆专家特鲁斯威尔(R. W. Trueswell)总结出了藏书利用的"二八率"(2/8Rule)规律,即在图书馆的全部藏书中,大约有 20% 是常用的,通常能满足读者 80% 的需求;而其余 80% 的藏书,仅能满足读者 20% 的需求。显然,这个结论可以成为划分藏书、组织书库的新的理论依据。目前日本和欧美国家图书馆界普遍采用的三线典藏制,就是以这一理论为主要依据来布局藏书的一种较新的模式。

三线典藏制是按照藏书的新旧程度及利用率的高低(一般情况下,较新的书利用率较高),把全馆藏书分为利用率最高的、利用率比较高的和利用率较低的三部分,并按这个顺序把利用率最高的藏书组织到一线书库,把利用率较高的藏书组织到二线书库,把利用率较低的藏书组织到三线书库。一线书库实行开架借阅,二线书库原则上实行限制开架或闭架借阅,三线书库闭架借阅。具体地说,一线书库相当于开架的辅助书库,其藏书特点是利用率高,藏书现实性强、针对性强,具有推荐性;二线书库相当于闭架或限制开架的辅助书库,其藏书特点是利用率较高,藏书具有参考性;三线书库相当于基本书库,其藏书特点是利用率低,主要存放各种罕用书刊、陈旧过时书刊和内部书刊,藏书仅具有资料性和备查性。

图书馆藏书的布局是与图书馆的服务内容和服务方式同步发展的。图书馆服务内容与服务方式的发展可分为三个层次,即以单纯借还书为主要内容的借阅型服务;以帮助读者查询、检索有关文献资料,编制并通报二次文献为主要内容的参考型服务;以代替读者在科研活动中进行的前期劳动,主动进行情报综合调研并跟踪提供情报资料的情报型服务。现代图书馆正处于从参考型服务向情报型服务转化的阶段,这是图书馆情报职能加强的结果,是科学技术发展的必然趋势。为了实现图书馆的情报型服务,要求图书馆更加重视藏书的情报价值,快速搜集、快速加工、快速流通,这就必须使藏书布局方式与之适应。然而,传统的藏书布局方式却不能满足这种要求。在整个藏书布局过程中,它不从藏书的利用率出发去进行书库的划分,有些书利用率很高,有些书长期无人借阅或很少有人借阅,但却混合在一起;加上读者和藏书分离,读者不能接近藏书,不仅使读者利用不便,图书馆工作效率也较低,极大地影响了图书馆效益的发挥。只有实现三线典藏制,才能克服传统藏书布局带来的弊端,适应现代图书馆读者服务的需要。

在三线典藏制的藏书布局中,凡是设有读者服务机构的地方,都应配置相应的书库,做到书库中能阅读,阅览室中有书库。尽管这种书库仍可称为辅助书库,但它已不是传统意义上的辅助书库了。三线典藏制改革了过去以基本书库为中心、以辅助书库为分支的传统模式,而把辅助书库的划分和设置作为藏书布局的主体。此外,在传统的藏书布局过程中,基本书库对辅助书库和专门书库起调节作用,而在三线典藏制中,作为基本书库的三线书库的调节职能大大降低了。一、二线书库不通过三线书库获得藏书,而是一线书库直接从采编部门进书,二线书库直接接收一线书库转来的藏书。一、二线书库和三线书库的联系仅侧重在剔除书刊的回归,即三线书库只负责接收一、二线书库不需要的藏书。

实现三线典藏制的藏书布局,核心问题是确定图书文献的利用率。因为藏书利用率的高低,是划分三个层次书库的依据。目前世界各国图书馆在确定藏书利用率方面所采用的方法不尽相同:有的严格以文献的出版年限为标准;有的依据统计分析得到的数据;有的则采用社会学、目录学和数学手段来对藏书进行综合评价等等。这些方法或者不适合我国国情,或者比较繁琐,如果照搬到我国图书馆,在实行上是有困难的。读者的因素、图书馆工作的因素以及其他社会环境的因素,在很大程度上影响着藏书利用率,我们很难找到一个能准确预测每种文献利用率的科学方法。因此我们认为,我国图书馆划分三线藏书,应该采用一种简便可行的方法,即除了参考国外的做法外,主要以读者需求的满足程度为依据,并以此作为三线藏书划分是否合理的主要标志。具体地说,一线藏书至少应能满足读者总借阅量的50—60%;二线藏书应能满足总借阅量的20—30%;而三线藏书的借阅量则不能高于总借阅量的10%。有了这个指标,我们就容易对藏书进行划分、组织与调整,而不用斤斤计较什么书该放进一线书库,什么书该放进二线书库,什么书该放进三线书库,从而避免了各种不切实际的"一刀切"的做法。

三线典藏制虽然是以藏书在利用上的三个层次为主体结构,对藏书进行纵向布局,但它也并不排斥同一层次内藏书的横向划分。通常,在三线典藏制的每一线藏书中,还应进一步按文献的学科属性和读者对象进行划分,以组成不同学科、不同读者对象、不同文献类型的一、二、三线书库。只有这样,才能使不同的读者在不同的地方,用不同的方式利用不同的文献,最大限度地提高藏书的利用率。

总之,从三线典藏制的布局要求来看,就是要把能满足读者大部分需求的相对少量的高利用率书刊集中到一、二线书库,而把只能满足读者少量需求的相对大量的低利用率书刊留在三线书库,使读者能用最少的时间、最少的精力,获得最大量的情报。正因为如此,这种藏书布局的意义非常重大。我们应该根据具体图书馆的实际,逐步推广这种藏书布局方式。

第二节　藏书排架

藏书排架又称藏书排列。它是将馆藏书刊有序地排列在书架上,并形成一定的检索系统,使每一种文献在书库及书架中都有固定的位置,图书馆员及读者能准确地按这个位置取书与归架。通常,代表每种文献排列位置的藏书排架号,同时又是读者借书时的索书号。

一、藏书排架的基本要求

藏书排架的目的是为了藏书的检索利用。为了获得检索利用的最佳效果,图书馆在设计、安排藏书排架时,必须按照以下基本要求:

1.便于提高检索效率,能迅速准确地取书和归架,节省时间和人力;

2.能从书架上知道某一种书刊是否借出,并能在该书已借出的情况下,迅速找出适当的其他文献向读者推荐;

3.可以通过书架直接了解文献入藏情况,便于图书馆员熟悉和研究藏书;

4.充分利用藏书空间,节约书库面积,但同时又要尽量减少倒架的次数;

5.开架书库的藏书排架,要符合读者的检索习惯。

要完全达到以上要求,在实践上是比较困难的。藏书排架不像目录体系的组织,为了反映藏书的各个方面,每一种书刊可以在多套目录中重复出现,读者可以根据不同的需要选择不同的检索形式;而藏书排列只能是单线的,每一本书刊只有唯一的固定排架位置(同一种书刊间排列的先后次序除外)。在这种情况下,如果要使藏书排架能反映藏书之间内容的联系,便于按内容选书和熟悉馆藏,则很难满足检索方便及节约书库空间的要求;而仅仅考虑检索方便及节约书库空间,则势必要割断藏书之间内容的联系。藏书排架很难做到形式简便与内容系统两全其美。我们在排列藏书时,应该根据不同的情况,从各种藏书排架方法中找出最佳的组合,尽可能兼顾各方面的要求。

二、内容排架法

这是指以文献内容特征为排架标志而进行的藏书排架。它又分为分类排架法和专题排架法。

1.分类排架法。

分类排架法是按照图书文献本身内容所属的学科体系来排列藏书的方法。由于这个体系与图书分类法的体系相一致,因而分类排架法就是将馆藏书刊分门别类地按图书分类号顺序排列,把同一类号的文献集中在一起,同一类号下的不同文献再按书次号排列。常用的书次号有著者号、种次号、书名字顺和个别登记号等。每种文献的分类排架号都是由分类号加上书次号构成的,分类号把同类书排在一起,书次号决定同类书排列的先后顺序。

分类排架法是各种类型图书馆最广泛采用的排架方法之一，其优点是：

（1）能使馆藏书刊按学科门类集中地组织起来，成为一个有内在联系的、有逻辑性的科学体系；

（2）便于图书馆员和读者直接从书架上找到同类书或相近类的藏书，扩大借阅范围；

（3）比较符合开架书库读者按类求书的习惯；

（4）便于图书馆员系统地熟悉藏书、研究藏书，为调整藏书结构提供依据。

但是分类排架法也有一些明显的缺点：

（1）为了集中同类藏书，排列书刊时，必须在每类后面留下书架空档，以便排列新增加的藏书，因而在大多数情况下书架排列不满，造成空架的浪费，不能充分利用藏书空间；

（2）在新书大量增加，某些类别藏书排列的书架饱和，无法再排进新书时，则需要调整书架甚至书库，进行倒架、倒库的工作，从而耗费大量的人力、物力和时间；

（3）由于分类排架号码冗长、繁杂，不仅排检藏书速度慢，而且容易出差错。

2.专题排架法。

专题排架法也是一种按藏书内容排架的方法。它是将图书馆藏书按专题范围划分并组织排列起来的方法，通常具有专题藏书陈列的性质。专题排架法首先是将同一专题范围的藏书集中在一起，同一专题内再按其他标志如书名字顺、著者号码等进行排列。各专题之间没有必然的本质联系。

这种排架方法具有很大的灵活性，能够配合图书馆各种重点任务和中心工作进行藏书的推荐、宣传；特别是科技工作者，能够比较方便地从专题角度查找文献资料，获得与某一事物有关的各方面的文献。它与分类排架法不同，分类排架是将文献按学科体系统向层累排序,而专题排架则是将文献按横向范围集中。例如计算机原理、计算机维修与调试、计算机在各方面的应用等有关计算机的文献,分类排架将把它们分散在不同的学科领域加以组织,而专题排架则是将它们集中在一起排列。

专题排架法一般不给藏书标注专题排架号,只作为临时性的排架方法,在需要的时候用来宣传某个专题或某一体裁的藏书,不用于排列大量的基本藏书。

三、形式排架法

形式排架法是按照藏书的外部特征来进行藏书排列的,其主要方法有七种:

1. 登录号排架法。

主要指按图书馆为每一本书刊编制的个别登录号的顺序排列藏书。其优点是根据登录号取书、归架、清点藏书都很方便,而且节省书库空间,不用倒架。但由于排架的依据仅仅是文献入藏的先后顺序,各种文献之间没有必然的联系,因而同类书或同著者的书不能集中,不便于利用,尤其不便于读者到书库直接找书,必须借助于图书馆目录才能找到所需的图书。通常图书馆用这种方法对各种利用率较低的备用书刊进行密集排架。

除了图书馆给每一本书刊一个个别登录号外,许多文献也在出版时被出版者编上了顺序号,如期刊、科技报告、专利文献、标准资料等各种连续出版物,在出版时都带有本身的出版序号。对于这一类文献,图书馆也经常直接采用它们原有的顺序号来排列先后。这种方法称为文献序号排架法。其排架的原理及优缺点与个别登录号排架法基本相同,故也可归入登录号排架法。

2. 固定排架法。

按文献到馆的先后顺序,依次固定地把文献排在书架上,并按照这个固定位置,给每一册文献一个具体的排架号。这种排架号由三部分组成:书架号、层格号和该层的顺序号。有些图书馆还加上一个书库号。例如 25/3/14,表示某书库中第 25 号书架第 3 层的第 14 本书。它的优缺点同登录号排架法,但却更适于排列那些需永久保存的特藏文献,特别是古籍线装书。

3. 字顺排架法。

这是依据一定的检字方法,按照文献的书名或著者名称的字顺排列藏书的方式。中文书刊通常采用四角号码法、笔画笔形法、汉语拼音字母法来确定排架顺序;西文书刊通常按书名或著者字母顺序排架。这种方法如辅之以年代区分,可单独用于闭架书库的中外文报刊合订本的排列。它也可以作为分类排架法的辅助方法,用来排列各种中外文图书,使同类同著者的书或同种书的所有复本能集中在一起。

4. 书型排架法。

按书籍的外形特征,如开本大小、装订形式等把藏书区别开来,同一书型的藏书再按书次号顺序排列。特大、特小的书刊或特殊装订的书刊,都配备特定的代号,再辅之以其他书次号,就构成了这种排架法的书刊排架号。采用这种方法排列藏书,不仅使书库整齐美观,而且能大大节约藏书空间。据统计,如果把 16 开和 64 开本的图书与 32 开本的图书各自分别排列,可以节省书库面积 40% 左右。但由于这种排架方法缺乏科学的逻辑顺序,只能作为一种辅助性的组配排架法,在特殊类型图书馆中使用。

5. 年代排架法。

指按文献出版的年代顺序排列藏书。这种排架法特别适用于过期报纸、期刊的合订本及其他有年代标志的连续出版物的排架。它是一种辅助性的组配排架法,必须同登记号排架法或字顺排架法结合使用才有意义。这种排架法能够反映文献出版的新旧,有助于藏书剔除工作的开展。

6. 语文排架法。

将藏书首先按文种区分,然后再将相同文种的藏书按照分类、字顺或其他顺序排列,把文种作为第一排架标志。它是一种辅助的排架方法,在收藏大量外文书刊或少数民族文献的图书馆,这种方法被广泛采用。

7. 地理排架法。

指按照文献出版或文献内容涉及的国家、省、市名称排列藏书的方法。主要用于地方志等的排架。它也是一种辅助性的排架法。

四、各类型文献的排架

从上面的分析可知,藏书的各种排列方法都有自己的优缺点。内容排架法的优点正是形式排架法的缺点;而形式排架法的优点却是内容排架法的缺点。因此,在图书馆藏书排架实践中,往往是几种方法结合使用,即使是同一个图书馆,对于不同的文献也往往采用不同的排架方法,以便最大限度地发挥各种排架方法的优势。

各类型文献排架方法的选择,主要依据文献的物质形态、使用情况及本身数量的多少决定。我们这里介绍的各类型文献的排架方法,只是就一般情况而言的。

1. 图书的排架。

通常,图书多采用分类排架法,因为这种方法便于馆员和读者直接从书架上检索某一类图书。

马列主义经典著作的排列问题具有重要的意义,其排列方法必须有助于馆员迅速而集中地找到读者所需要的图书,同时又能帮助馆员在读者中宣传推荐马列主义的书籍。因此,马列经典著作及其介绍、评述性的有关著作,最好能集中排列在一起。

在公共图书馆中,文艺书籍是读者借阅较多的书籍,许多馆对这部分图书实行开架或半开架借阅,故在排列时可作特殊的处理。由于大多数读者在借阅文艺书籍时已知道了书名,因此排列时可以不按分类排架号而按书名字顺,或先按国别、体裁进行粗分,再按书名字顺排列,以便于读者直接检索。

对于图书馆中最大量的科技图书,包括会议录、论文集等,宜采用分类排架法,以体现文献内容的内在联系,帮助读者按类求书,扩大检索成果。

检索性工具书和参考性工具书,也应采用分类排架法,以供读者方便地查阅。但不应过于强调按分类号顺序排列,可以在大类下按主题集中,以照顾读者查阅的习惯。

2. 期刊的排列。

期刊的利用率高,流通量大,在出版上也有许多特点,这就决定了它的排架与图书及特种文献有所不同,现期期刊与过期期刊的排架也有所差异。

一般地说,现刊宜采用开架陈列,排架方法比较简单。在期刊品种较少的图书馆,直接按刊名字顺或期刊原有刊号顺序排列就可以了;而在期刊品种较多的图书馆,则可以先按大类粗分一下,再按刊名字顺或种次号排列。

过期期刊的排列,通常有四种方法可供选择。一种是刊字顺排架法,即先按刊名字顺排列,同种期刊再按年、卷顺序排;第二种是登记号排架法,即按过刊合订本的个别登记号顺序排列;第三种是分类刊名字顺排架法;第四种是分类种次号排架法。一般图书馆使用较多的是刊名字顺排架法,因为读者利用期刊时,多按刊名查找。但是,如果过刊也是开架借阅,则应以分类排架为主,这比较符合读者按类求书的习惯。

总之,期刊排架时,无论采取何种方式,都应注意它们的连续性,不要随意割裂它们的时间顺序。

3. 资料的排架。

内部交流资料和零散资料,篇幅少,装订简单,但数量较多,而且出版形式也多种多样,所以应装入资料盒或资料袋中,采用登记号顺序排架,这样既方便使用,又有利于文献的保护。

科技报告、专利说明书、技术标准等特种文献资料,因原来就编有各自的顺序号,而且读者也比较注意这些文献的原有编号,所以如果图书馆收藏较多,就可以按这些文献的原有编号顺序排列;但如果收藏较少,则仍按其入藏登记号排列为宜。

对于缩微胶卷、磁带、磁盘、唱片等非纸张印刷型文献,通常应存放在特制的盒内,按入藏顺序编号,实行固定排架。

藏书在书架上的排列顺序,就一层来说是从左到右,就一架来说是从上到下,就一排书架来说也是从左到右。图书和期刊合订本采用直立排架,报纸合订本、线装书、舆图等可以平放在书架上。但是必须注意,书库与书架都应设置醒目的标识,指明各种文献的排架位置,以方便图书馆工作人员或读者查找。

在大中型图书馆中,为了准确反映藏书的排架情况,通常还应编制相应的藏书排架目录,以便于藏书的流通、清点和调整。

五、一种适应三线典藏制的藏书排架方法

我们知道,为了便于图书馆排列藏书,每一种入藏文献都事先给予了一个排架号。由于每种书只能有一个排架号,因而按照传统的排架方法,排架号一经确定,即使是在不同的书库,用这个排架号排列藏书的方式也只能是相同的,即基本书库与辅助书库的藏书排列体系完全一致。如果采用分类排架法,虽然能够适应一、二线书库推荐藏书的需要,但却不能克服三线书库倒架的困难和空间的浪费;而如果采用形式排架法,虽然能解决三线书库的矛盾,但却增加了一、二线书库藏书利用的不便。如果能够设计一种藏书排架号,既能用于分类排架,又能用于形式排架,使一本书在从一线书库转入二线书库再转入三线书库的动态过程中能够灵活地变换排架方式,则是对传统藏书排架方法的一个变革。

最近,有人通过对三线制藏书排架要求和各种藏书排架方法进行综合研究,特别是对各种藏书排架号的结构进行分析提出了一种三段式组配排架号,其构成是$\dfrac{分类号+著者号}{登录号}$。在这里,分类号采用较粗的分类,以避免分类号码过长;著者号可以采用各种方法编制,但每个图书馆应有统一的规定;登录号是按书型和文种划分后,同种文献的顺序登记号,它既可反映文献的不同种类,又可缩短登录号码的长度。例如柯岩所著《寻找回来的世界》,其组配排架号为$\dfrac{I534 \cdot K64}{5192}$。当该书在一线书库时,采用分类号与著者号相组配,用 I534·K64 作为排架号,使它能和同著者同类的其他书集中在一起;当该书转到二线书库时,则用分类号与登录号相组配,成为$\dfrac{I534}{5192}$,这时的登录号起种次号的作用,便于取书与归架,并能从登录号排列顺序上了解该书的新旧程度;而当该书进入三线书库后,由于被利用的机会较少,则可以仅用登录号 5192 对其进行排列,达到既节省书库空间,又免去倒架的目的。

这种组配式排架号的最大特点在于它的灵活性。它能灵活地适应不同藏书排架的需要,并能松动分类排架与图书分类法之间的联系。特别是在图书分类法进行大的修改或图书馆变换分类法时,不会再出现目前藏书分类排架的"一刀切"、"几条龙"状况。因为大量过时的藏书已转入三线书库,而一、二线书库的藏书也将逐渐转入三线书库;一、二线书库新的藏书采用新的分类法,原有藏书转入三线书库后采用登录号排架,与分类法无关。这样,这种排架号起到了一号多用的作用。

目前这种组配制排架号的应用还只是在试验阶段。它也存在着一些缺点,如编制排架号比较麻烦,排架号码复杂、冗长等等。但这种方法能与三线典藏制藏书布局相适应,能从整体上提高图书馆工作质量和工作效率,尤其是对中小型的科学专业图书馆有较大的实践意义,因而值得进一步研究、推广。

第九章 图书馆藏书的复选与剔除

藏书"复选"这个词,最初是由苏联的图书馆学家 IO. B. 格里科尔耶夫于本世纪60年代提出的。他把图书馆在进行藏书补充工作中,为获取有关文献而作的第一次选择称为"初选",而把图书馆对已入藏文献进行的选择称为"复选"。复选是藏书补充过程的继续,是藏书建设的重要内容之一。目前,复选理论在世界各国图书馆界都受到了极大的重视。

由于藏书的复选是对图书馆已经入藏的文献进行选择,通过这种选择,要了解图书馆所有藏书的利用情况,从而确定哪些书需继续保存以供利用,哪些书应进一步补充以增加品种与复本,哪些书已失去了使用价值,应从藏书中剔除出去。

第一节 藏书复选的原因及作用

一、藏书复选的原因

图书馆藏书作为一个发展着的有机体系,本身不断地进行着新陈代谢。藏书复选正是促进这种新陈代谢的重要手段,符合藏书建设的规律。

对图书馆藏书进行复选,是由以下几方面的原因决定的:

1. 藏书中的一部分失去了现实意义和参考、使用价值,需要通过复选予以剔除。

由于图书馆的藏书是长期积累起来的,随着时间的推移,社会的进步,科学技术的发展,新知识、新技术、新工艺的产生等,必然使许多知识变得陈旧甚至成为失效的知识。这就导致藏书中也会相应出现一些观点上有问题、内容上陈旧过时、完全失去现实意义和参考使用价值的书籍。不管“初选”进行得多么仔细,这种状况仍然会发生。如果不进行复选,让这些书籍留在图书馆,不仅要占用大量的藏书空间,还使得有用图书与无用图书鱼龙混杂,降低藏书质量,影响读者对藏书的有效利用。因此,有必要对图书馆藏书进行复选,将那些失效的图书从图书馆里剔除出去。

2. 图书馆由于具体任务或读者对象的变化,藏书中会有一些不再符合本馆任务和读者需要的多余书刊,必须通过复选得到剔除。

图书馆的方针任务和读者对象经常在发生变化。当这些变化发生后,虽然原有藏书仍然具有科学价值,但读者需求的焦点却从这些藏书上转移了。它们会由于无人利用而成为滞架图书,无论从收藏或利用的角度讲,这些图书的继续收藏都是不经济的。因此,有必要对图书馆藏书进行复选,将那些不符合本馆需要的书刊从图书馆剔除出去。

3. 由于各方面的原因,图书馆收藏了一些本馆藏书范围以外的书刊,需通过复选予以剔除。

这些原因大体上有两方面,一是采购人员方面的原因,一是书刊供应方面的原因。比如藏书采访人员不精通业务,不了解本馆读者的实际需要,不了解书刊本身的特点,由此造成的购进书刊不适用或购进的复本太多。在相当数量的图书馆,几年甚至十几年没有一个读者借阅过的图书大有其在。还有一些采访人员,初选时把关不严,对有关书目的征订图书采取全订的做法,不加选择,使一些不合要求的图书也进入了图书馆。另一方面,由于我国的图书发行渠道还不够畅通,国外图书主要由中国图书进出口总公司经销,国内图书主要在新华书店集中采集。大多数情况下,采访人员是根据征订目录选书,这些征订目录本身就有不准确的地方,导致了采购失误。还有一些书店为了追求销售利润,对图书馆搭配售书,也造成了藏书中不合要求的图书大量增加的后果。因此,图书馆有必要对藏书进行复选,把各种因人为的原因而入藏的各种不恰当的图书从藏书中剔除出去。

4.图书馆藏书体系中,各种知识门类、各种用途、各种文献类型、各种文字的图书之间的内在联系和数量上的比例出现了失调现象,需要通过复选来进行调整和整顿。

藏书比例失调是图书馆经常遇到的问题。比如有些分开出版的多卷著作,各卷采购的数量不匹配;有些新兴学科的书刊,其中高精尖的搜集太多,而基础的搜集过少;各种用途的书刊,消遣娱乐性的买得太多,学习研究性的买得太少等等。这些都需通过复选,发现问题,及时调整。

二、藏书复选的作用

藏书复选作为图书馆藏书建设中的一项经常性工作,具有以下作用:

1.通过复选,可以促进图书馆加强对情报价值高但利用率较低的优秀书刊进行宣传报导。

在许多图书馆里都有大量藏书较少为人利用,其中有相当一部分具有较高的科学价值。藏书复选的目的,就是要查出那些利用率较低的藏书,并对它们进行分析。属于情报价值较高,但由于读者缺乏了解的藏书,可以及时向有关人员宣传推荐。如天津图书馆,根据本馆的任务和服务对象,重点收藏了一批石油采炼方面的文献。在复选中发现这部分藏书很少有人利用。他们经过分

172

析,认为是读者不了解这些文献,于是决定把这些藏书送到大港油田,直接向有关科技人员推荐,结果受到了热烈欢迎。从此这部分藏书的利用率大大提高了。

苏联图书馆学家 A. A. 巴柯洛夫斯基主张:在藏书复选中"应仔细查明每一本书无人过问的原因,是因为它不合读者要求,艰涩难懂而真的不宜为本馆入藏,或仅只是由于读者不了解它,而馆员又不去宣传它。如果图书馆里……存有写得很好,简明而又有趣的图书,但却不被利用,那么应该从图书馆剔除的就不是这些书,而是那个馆员"。这段话很有道理。

2. 通过复选,可以提高图书馆藏书的质量,从而提高读者服务效率。

藏书复选以后,许多失效的书刊被剔除,图书馆中的藏书从内容上看更精,更适合读者的需要。由于藏书复选是紧紧围绕图书馆的方针任务和读者的实际需要进行的,因而留下来的藏书质量都比较高,基本上能形成本馆的藏书特色。另一方面,由于把许多不必要的书刊清除出去,使图书馆藏书规模缩小,便于提高服务工作效率和服务质量。据统计,一个藏书不足 10 万册的小型图书馆,在基本书库里取一本书的平均时间是 3—5 分钟,而藏书逾百万册的大型图书馆则要花 15—30 分钟,而且藏书数量并不与满足读者需求成比例增长。所以并不是图书馆藏书越多越好,藏书复选不会大范围降低读者需求的满足率。

3. 通过复选,可以及时补充不应拒借的藏书,包括增加常用书的品种与复本。

有些文献在图书馆里供不应求,但是在采购初选时却没有预测到这种情况,因而图书馆入藏的品种与数量都不足,形成较高的拒借率。通过复选,可以帮助我们全面了解这方面的情况,给采访工作提供一个反馈信息,及时补充各种需要的书刊。

4. 通过复选,可以分析呆滞书形成的各种原因,有的放矢地改进图书馆工作。

复选帮助我们了解图书馆藏书中哪些是呆滞书,为什么会形成呆滞:要么是采购的原因,买回了不需要的文献;要么是分编的原因,分类不恰当,著录不准确,使读者无法确认图书;要么是典藏的原因,把专深的图书放进了一般读者的普通阅览室,把社科书放进了自然科学阅览室等。如果是由于图书馆工作失误造成的呆滞图书,可以及时予以纠正,让它们重新恢复活力。

5.通过复选,剔除失效图书及多余复本书,不仅可以节约书库空间,解决书满为患的矛盾,还可以通过剔除图书的处理,与兄弟图书馆互相调剂,各取所需。

总之,藏书复选是提高藏书质量,增强藏书活力,保持藏书新陈代谢的重要手段。它不是进行一次就完结了,而要不断、反复地进行,贯串在藏书形成和发展的整个过程中。

三、藏书复选理论的由来与发展

20世纪初,欧洲的图书馆学家开始研究按藏书的被利用程度来区分藏书这一问题。1903年,英国图书馆学家布朗指出,图书馆的任务"在于仔细地选收图书,并同样仔细地剔除全部失掉了时效、完成了使命或由于丧失了新颖性或不再有益而为读者所不用的图书"。1914年,德国的图书馆学家乔治·雷提出了一个新概念,把读者不利用的藏书称为"死书",并建议销毁这种无人利用的藏书。

苏联的 H. K. 克鲁普斯卡娅也是较早提出"从馆藏中剔除已经老化的图书"这一观点的倡导者。她把这一观点首先应用于图书馆藏书建设的实践。在她的领导和参与下,苏联曾制定了许多方法指导性和规范性的文件,对从馆藏中剔除失去阅读价值和专业不对口的图书作了具体的规定。她认为,在图书馆里,"僵死的图书愈积愈多,压坏了书架,挤满了书库,大量的书库成了真正的坟墓"。为了防止大规模地葬送图书,必须克服各自为政、只管建设自己所有的这个图书馆的作法和不懂得社会主义社会整体利益的思想。1922 年,A. A. 巴柯洛夫斯基在《清理图书馆》一文中,从理论上论证了在社会主义图书馆藏书中清除意识形态上异己图书的必要性,并且指出了社会主义条件下对藏书进行审查与过去反动阶级取缔进步书刊之间的原则区别。

从 40 年代到 60 年代,各国的图书馆学专家们开始明确地认识到:"图书馆的真正目的是成为一个情报源,而不只是一个书库",从而进一步提出了"提存藏书"这个概念。印度的阮冈纳赞是这个理论的主要创始人之一。他把图书馆分为"保存性的"和"服务性的"两大类。他指出,藏书的补充与保管,应在全国一切图书馆之间进行协调,使保存性的图书馆拥有最充足的藏书,从而让服务性的图书馆能经常顺利地剔除馆藏中不必要的图书。从这个时候起,在图书馆实际工作中,逐步开始按读者利用的程度来区分藏书,由利用率高的藏书组成的辅助书库迅速增加。60 年代中期,随着开架方式的广泛运用,一些图书馆开始把自己不常用的馆藏转入了所谓"备用书库",有些大型图书馆还专门建立了"罕用书库",集中存贮那些很少为人利用的藏书。这样,图书馆不断地通过复选,把利用率低的藏书送往备用、贮存书库,使图书馆藏书更加精炼,保证了图书馆服务工作的高效率和高质量。

在实践的基础上,藏书复选的理论得到了进一步的完善,这有三个突出的标志:

1. 苏联图书馆学家格里科尔耶夫对复选在藏书建设中的作用进行了系统论述,为苏联现在建立的全国性寄存藏书体系提供了理论上的依据;

2. 英国大学拨款委员会的专家巴里、丹彤、林恩、阿金森等,提出了藏书补充的零增长理论,要求在藏书复选的基础上剔除不必要的藏书,来达到图书馆藏书数量的稳定状态,以保持藏书利用的

活力,提高图书馆藏书质量;

3.为了衡量科学文献的老化速度和程度,定量地揭示其老化规律,以便寻求在科学图书馆中把无用或罕用藏书转入提存书库的标准,文献学家贝尔纳(J. D. Bernal)、巴尔顿(R. E. Burton)和凯普勒(R. W. Kebler)先后提出了文献的半衰期概念,以及普赖斯(D. Price)提出的普赖斯指数,为藏书的复选与剔除提供了一些量度指标。

在我国,藏书复选的思想已为越来越多的图书馆员所接受,一些图书馆也开始着手进行这方面的工作。但总的来看,人们对复选的重视程度还远不及初选。因此还需进一步提高认识,使藏书复选真正成为图书馆藏书建设工作中一项经常性的重要任务。

第二节 藏书剔除

一、文献老化的概念

文献老化系指文献随其"年龄"的增长,内容日益变得陈旧过时,作为情报源的价值不断减小,甚至完全丧失其利用价值。

文献老化和情报老化是两个不同的概念。托特列夫(B. M. Тотылев)明确指出了这两个概念的区别:文献老化及文献的价值并不是情报老化及情报价值的同义语。情报的老化是指情报价值随时间而减小,科学文献的老化是指科学文献的价值随年龄的增长而减小。文献老化了,情报不一定老化。情报老化是一个非常缓慢的过程,有些情报甚至在相当长的时期内也不会老化。可以认为,情报老化是相对于情报对象而言,而文献老化则是相对于情报用户而言的。

文献老化既是一种客观的社会现象,又是一个复杂的动态过

176

程。从文献利用的角度来看,文献老化有以下几种情形:

1. 文献中所含的情报已失效。文献的情报内容被以后的文献证明是不可靠的,甚至是错误的。这种情报内容失效的文献,当然不会被用户再使用。

2. 文献中的情报已包含在其他著作中。文献的情报内容是正确的,但已进入了更广泛的社会交流领域,如编入教科书中的科学公理、定律、定理、公式等,人们已普遍接受,不需要再使用原来的文献。

3. 被更新的文献所代替。文献的情报内容是正确的,但被更新的、内容更全面的新文献所代替,因而随着时间的延长也渐渐地很少被用户所利用。

4. 研究兴趣下降引起有关文献的利用频度减少。文献的情报内容是正确的,但由于某种原因引起人们研究兴趣的下降或注意力转移,因而有关文献不再被用户所利用。

因为情报用户的需求和文献的被利用都是一种随机过程,文献老化不可避免地要受到较多的人为主观因素的影响。社会的需要,语言的障碍,用户的知识素养,检索工具的优劣,用户的习惯和心理,图书情报人员的服务态度等种种偶然的因素都会影响到文献的使用。

二、藏书剔除的依据

文献老化规律,对于及时剔除陈旧的书刊资料,建立最佳馆藏具有指导意义。

书刊资料的收藏是需要成本的。为了节省经费和贮存空间,国外许多图书馆在书刊资料收藏到一定年限后,便着手剔除。文献老化数据是开展书刊剔旧的重要依据。对于一个学科来说,文献老化速度即半衰期是不易改变的,文献老化规律具有长期守恒性趋势。因而在确定文献收藏年限时,可用已经获得的有关学科的半衰期数据来衡量。例如，化学文献的半衰期是 8.1 年，意思是说在统计研究的那一年里，尚在使用的全部化学文献中的 50% 是在最近 8.1 年内出版的。也就是说，经过 8.1 年，50% 的化学文献的利用价值已逐渐衰减。显然，书刊剔除只有在书刊效益下降到一定限度后才能进行。否则，剔除后节约下来的书刊收藏成本不够支付复制费用。

除了文献老化数据以外，许多文献计量指标都可以作为藏书剔旧的依据*。例如：

1. 载文量。期刊效益的降低不能直接用每一种期刊的年龄，即它们出版以来所经历的年数来衡量。在抽样时间内，期刊登载论文的数量是衡量期刊效益的依据之一。举个简单的例子，设期刊甲全年刊登某一学科相关文章 100 篇，期刊乙全年刊登同类文章 50 篇，由于同一学科文章老化速度相同，过若干年后，甲的效益比乙高出一倍。因此，在期刊剔旧时必须考虑其载文量的多少。也就是说，对载文量多的"核心期刊"的保存年限显然应该长一些。

2. 引文量。期刊效益的评价就是用引文数量来衡量的。根据引文数据来确定期刊保存期是一种常用的方法。

3. 流通数据。科技人员利用文献，其时间分布是有规律的。从期刊出借的统计来看，涉及 1—3 年的最多，以后就逐渐减少了。这个规律及流通数据完全可以作为图书馆剔除陈旧期刊的一个重要数据。

4. 读者反馈数据。读者的利用情况和意见，对于书刊剔旧很有参考价值。

根据以上文献计量指标的统计数据，结合本单位的库房面积大小、基本馆藏的需要、本单位今后发展等具体情况，便可制定出

---

* 参见：邱均平编著《文献计量学》，第 392 页，科学技术文献出版社，1988 年出版。

藏书剔除的合理方案,从而确定自己的最佳馆藏。

三、藏书剔除的标准

藏书复选的主要任务,就是要把藏书中不需要的部分加以撤除、转移和注销,这种工作统称为藏书剔除。一般来说,每个图书馆,只要它希望自己的藏书能得到积极的利用,都面临着藏书剔除的任务。特别是那些历史较久、藏书较多的大型图书馆,藏书剔除应该是一项长期的、经常的工作。

在剔除藏书的过程中,哪些书应该保留,哪些书应该剔除,需要有一个标准。藏书剔除标准直接关系到藏书的命运。由于图书馆藏书是精神产品,不像物质产品那样能精确地度量其各项指标,因而制定出一个合理的标准比较困难。国外一些图书馆现在采用的标准,主要是以时限为依据来进行藏书剔除。

1. 根据过去几年内藏书利用的情况而决定剔除对象。在通常情况下,藏书未来的使用情况可以从它们过去的使用情况中得到推测。美国专家特鲁斯威尔(R. W. Trueswell)的研究认为,一本书如果进馆 7 年内没有被利用,则这本书今后也不会被利用,应该从馆藏中剔除。

2. 根据文献的出版时间决定剔除对象。文献半衰期理论告诉我们,一种书的使用价值,总是随时间的推移而逐渐减少。藏书剔除应同文献老化的速度相一致,才能保证藏书具有活力,才能反映知识的老化与转化规律。因此,苏联颁布了一个藏书组织保管章程,规定凡在 15—20 年前出版的印刷型著作,5—10 年前出版的报刊杂志(除本馆有专藏任务的资料和工具书外),都应从藏书中剔除而送到提存书库。

我国目前还没有藏书剔除的统一标准,但通过几年来的实践,大体上可以定出一个剔除的范围。

四、我国图书馆藏书剔除的范围

图书馆入藏的任何一种书刊都可能具有三种价值:实用性、参考性和文物性。当它的实用性消失以后,还可能具有参考性和文物性。图书馆在剔除藏书时,必须根据本馆的方针任务,以实用性为判断标准,适当考虑参考性和文物性。

目前摆在各图书馆面前最紧迫的任务是剔除解放后出版的中文书刊的大量复本和失去实用性的大量陈旧过时书刊。至于解放前出版的书刊及古籍线装书,参考价值和文物价值较高,不在剔除之列。

我国图书馆藏书剔除的具体范围应包括:

1. 陈旧过时、内容已经更新的书刊;

2. 长期无人问津或很少有人借阅,流通率很低的书刊;

3. 复本过多造成积压的书刊;

4. 内容重复的图书资料;

5. 不符合本馆方针任务和不适应本馆需要的藏书;

6. 有关部门明文规定或通知的、内容不健康应停止流通的书刊;

7. 经过长期借阅周转,残破不全,无法再修复的书刊。

五、藏书剔除的方法与组织

藏书剔除工作是一项复杂而又细致的工作,必须有计划、有组织地进行。通常应采取以下步骤:

1. 设立图书馆藏书剔除领导小组,一般由馆长或负责业务工作的副馆长任组长,由书刊采访人员、流通阅览人员和读者代表共同组成。大中型图书馆最好设立专门的机构,选派3—5名懂专业、熟悉藏书、有责任心的工作人员,负责经常性的藏书剔除工作。

2. 制定藏书剔除计划,确定藏书剔除范围,统一对藏书剔除工作的认识。

3. 对藏书进行复选,审查、鉴别失效图书。鉴别失效图书有以下几种方法:

(1)时限法。如前所述,读者利用藏书是同文献出版的年限有很大关系的。一般来说,文献越新,利用率越高,反之,利用率则低。除了一些高质量的长效书外,大多数藏书在超过一定时间后都会失去继续利用的价值。可以参考文献半衰期的年限及本馆的实际情况,提出一个大概的时限标准,超过这个时限的,则列为失效的藏书。

(2)外借流通统计分析法。主要是统计书库内各种藏书中书袋卡上的借阅记录。如果长期无人借阅,或两次借阅中间滞架的时间太长,都表明该书已基本失去了使用价值。

(3)架上审查法。由负责藏书复选的人员直接在书架上审查图书,判定多余复本书和失效的图书。

4. 将计划剔除的书刊编成目录,发给有关工作人员和读者,广泛征求意见,然后报经主管部门批准。

5. 将剔除的书刊下架,并在财产登录簿和公务目录上予以注销,同时将不再保留品种的书刊目录卡片全部抽出。

6. 对剔除的书刊分别情况进行处理,通常可采取以下方法:

(1)调拨。有些书刊在大型馆可能利用率不高,但在小型馆却很有用,特别是那些多余的复本书。因此可以把它们调拨给需要的图书馆。

(2)交换。由于各馆剔除藏书的标准不一样,某馆不需要的书刊可能他馆仍需要。可以通过书刊的交换,达到补充馆藏、互通有无的目的。

(3)削价处理给读者。

(4)报废,送造纸厂化浆造纸。

7. 对剔除工作的全过程进行总结,写出总结报告。

第三节　贮存收藏系统

一、贮存图书馆的意义

各图书馆在把自己不必要继续保存的文献剔除以后,如果没有一种机构继续收藏这些被剔除的文献,一旦读者提出需求,就会造成不应有的拒借。正是在这种背景下,贮存图书馆应运而生了。

贮存图书馆又称储备图书馆或储存图书馆,有些国家也称保存图书馆。它担负的任务是集中收藏各图书馆剔除图书中仍具有一定参考价值,但只有少数人偶然利用的书刊。每种书刊保留1—2册,以备查考。因此,贮存图书馆是指专门收藏那些利用率日益降低,但又具有潜在的科学价值,仍需保存的书刊的图书馆。贮存图书馆一般设在郊区,采用固定排架方式,书架间的行距很小,近年来也有采用密集书架的。贮存图书馆的造价比较低廉,一般只有简陋的办公室和小型的阅览室。

贮存图书馆最早出现在美国。1902 年,哈佛大学校长埃利奥特(Charles William Eliot, 1834—1926 年)最先提出建立贮存图书馆的建议,杜威和大学图书馆专家富斯勒(Herman Howe Fussler, 1914—)等人也大力提倡。以后很多国家都建立了贮存图书馆,如英国、法国、芬兰、瑞典、美国、苏联等国不仅普遍设立,而且形成了贮存收藏系统,担负着各种类型图书馆藏书中罕用和多余复本书的储存任务。

二、贮存收藏系统的作用

建立贮存收藏系统,有以下几方面的作用:

1.能够使一般的、没有保存任务的图书馆,特别是中小型图书馆,毫无顾虑地剔除本馆藏书中陈旧过时及利用率很低的书刊,精化藏书,提高图书馆工作效率。在没有建立贮存收藏系统前,尽管各图书馆也做一些藏书剔除工作,但总是瞻前顾后,特别是害怕剔除了藏书,一旦读者有需求,图书馆无法满足。因而剔除工作总是不彻底。有了贮存收藏系统,各图书馆也就有了后盾,藏书虽然从本馆剔除了,但在需要时仍然能够获得。

2.贮存收藏系统将各图书馆剔除的藏书品种加以集中存贮,特别是密集式存贮,可以大大节约各图书馆的藏书空间和管理人员,减少因重复收藏及分散管理而造成的浪费。

3.贮存收藏系统还可将各图书馆送交的剔除书刊在其成员馆内进行调拨分配,促进文献资源的充分开发与利用。

三、建立贮存收藏系统的方法

贮存收藏系统既有按地区建立的,也有全国范围的。地区性贮存收藏系统比较著名的是美国芝加哥的"科学研究图书馆中心"(Center for Research Libraries)。它成立于1949年,起先叫做"中西部地区图书馆馆际交流中心"(Midwest Inter – Library Center),于1965年改为现名。它是美国中西部12个州的图书馆协作组织,主要成员是大学图书馆,经费由参加馆支出。它不仅联合贮存成员馆的罕用书刊,而且还通过采购、捐赠、呈缴本等途径增加稀有资料,其中包括外国的学位论文、报刊、政府公报等等。这所贮存图书馆还收藏包括《化学文摘》、《生物学文摘》在内的几千种珍贵期刊和世界上大约150种权威性报纸的缩微复制品,以及苏联科学院的文献等等。罕用书刊既然由它统一采购和收藏,并供参加馆共同使用,那么参加馆就可以不必再添购各种各样的边缘资料以及昂贵的、非急需的、占据空间的,但一旦需要又是极其重要的资料。这所贮存图书馆已把业务活动扩大到加拿大、墨西哥等国,实际上已成为一个国际组织。目前它的参加馆共达70多所。有的国家是依据全国统一规划设立贮存图书馆的。例如,苏联制定了《全国图书馆储存保管组织章程》,并从1975年起开始建立全苏寄存图书馆系统。该系统由66所综合性和多科性图书馆组成,其中包括科技情报机构。它负责最充分地收集和保存国内出版物及有科学价值的外国出版物,深入地研究、宣传并及时为读者提供各种罕用的文献资料。

目前在世界上所有的贮存收藏系统中,苏联的全苏寄存图书馆是组织得最为严密的系统。该系统除全苏的外,还有加盟共和国的、跨省的以及省级的,分4个级次。各级别的寄存馆收藏的范围和收藏的完备程度都不一样,逐级加大。他们贮存剔除书刊的方法是:由基层图书馆将计划剔除图书制成卡片送交最低一级的寄存图书馆。寄存图书馆用这些卡片同馆藏目录进行核对、查重。凡本馆未入藏的,通知原剔除馆将所需剔除书刊送交;已经入藏的,则将卡片送交上级寄存图书馆,直到全苏级的。如果是全国任何一级寄存图书馆都不接收的文献,就予以注销,由剔除馆自行处理。在进行剔除图书的上报、交接过程中,各主管部门的寄存图书馆还将自己拒收的图书在交换文献通报中予以公布,以便为这些剔除下来的书刊找到需要它们的地方,以充分发挥它们的作用。

国外建立贮存收藏系统的方式有两种:一是自愿联合,由若干个图书馆出资共同建立;一是由国家统一规划,指定各级贮存图书馆,并给予相应的物质保证。显然,第一种方法比较简便易行,但由于缺乏统一领导和规划,不利于形成合理的网络。而第二种方法,尽管规划起来比较复杂,但却是有组织、有计划地进行,容易建成布局合理的贮存收藏体系。

现在,我国图书馆界也开始对建立贮存收藏系统进行了一些研究,提出了一些比较好的建议。我们认为,在我国目前情况下,要自上而下地由国家出资统一兴建各类型贮存图书馆,进而形成全国范围的贮存收藏系统,条件还不具备。但是为了让我国贮存收藏系统的建设从一开始就走上网络化、正规化的道路,又必须由国家有关部门出面,统一规划,统一布局。

根据我国国情,我国贮存收藏系统的建立可以分两步走:第一步,根据我国图书馆是按系统部门组织的上下隶属关系,在各系统部门内进行贮存图书馆的规划、布局与建设。要求在各系统主管部门的领导下,选定一批物质基础较好,人员条件较强的大型图书馆,利用现有馆舍或在新建馆舍中,拨出一定空间作为贮存图书馆。担任贮存图书馆的任务后,该馆原来的性质和任务不变,有关部门应适当增加其人员和经费。第二步,在各系统建立的贮存图书馆基础上,由各主管部门联合协商,对全国范围内的贮存图书馆进行协调,逐步形成合理的网络。

这种两步走的方法,一些条件较好的地区可以在中心图书馆委员会的组织下先行试点,以取得经验。

需要指出的是,在贮存收藏系统建立起来以后,一般图书馆就不用再保存那些不必要的、流通率很低的书刊了。那种担心移交给贮存收藏系统后,书刊所有权不属于自己而不愿移交的思想是片面的。每一个图书馆工作人员都应该明了:任何图书馆的藏书都是国家图书情报资源的一部分,为了建设国家整体图书情报资源,我们应该冲破小农思想的束缚,关心并支持贮存收藏系统的建立与发展。

第十章　图书馆藏书的数量控制与质量评价

第一节　藏书数量的控制

一、控制藏书数量增长的必要性

　　近几十年来,世界各国图书馆都面临这样一个问题:随着藏书补充工作的不断进行,图书馆的藏书数量在急剧增长,造成了书库空间紧张,大批书刊无法上架;同时由于人力不足,藏书加工积压,藏书管理混乱,直接影响了读者对藏书的利用。

　　我国一些大型图书馆,藏书数量增长很快。如北京图书馆建国初期只有 140 万册藏书,现在已增至 1420 万册,增长了 9 倍;中国科学院图书馆建国初期只有藏书 33 万册,现在已增至 500 多万册,增长了 14.2 倍;上海图书馆建国初期藏书仅 80 万册,现在已增至 800 余万册,增长了 9 倍。各省、市、自治区公共图书馆和高等院校图书馆的藏书也都在以较快的速度增加。最近几年,在全国范围内纷纷新建、扩建图书馆,在很大程度上就是为了解决"书满为患"的矛盾。

　　国外图书馆的藏书数量增长也是很快的。从 50 年代以来,美国的大学图书馆藏书量增加了 3.6 倍,公共图书馆藏书量增长了 3.1 倍;而苏联,公共图书馆藏书量增长了 2.7 倍,科学院系统藏书量增长了 3.25 倍。为了解决书库急剧饱和的矛盾,美国大学图书馆曾在60年代末到70年代初,掀起了一个扩建图书馆的高潮,共投资19亿美元,预计新建、扩建的书库可容纳16300万册藏书。但是,就在建馆期间,美国大学图书馆所增加的藏书就超过了16600万册,远远高于新建书库的容量。实践证明,用不断扩建书库的办法来适应藏书的急剧增长是行不通的。

在这种情况下,各国都感到必须控制藏书增长速度,其必要性可归纳为以下几点:

1. 空间紧张。藏书需要一定的存放空间和阅览空间,书库和阅览空间的建设,无论如何也赶不上藏书的增长。当藏书发展到一定规模,达到并超过空间的可容量时,就会出现书库饱和、书架超载的状态,继续增加新书,必然导致一部分藏书无法正常存放展开,只有打捆堆放。我国许多大型图书馆,由于空间紧张,只好降低书刊存放面积的规定标准。对于无法存放的书刊,既得不到妥善保护,更无法为读者利用。

2. 设备短缺。随着藏书量的增加,应相应地增添存放、检索与利用的设备,设备费与购书费应成比例地列入经费预算。据计算,每增加10万册新书,应增加250个书架,100万张卡片,10个目录柜以及阅览设备等。设备购置费与书刊购置费的最低比例不得少于1∶10。但由于藏书增长过快,空间紧张,特别是阅览空间逐步缩小,书架及阅览设备的购置不能保证,许多图书馆只购书不添设备,造成书刊得不到充分利用。

3. 藏书利用率降低。藏书增长过快,只补充不剔除,新书和旧书、流通率高的书和流通率低的书混合排列在一起,不仅增加了管理能量的消耗,而且会降低藏书利用率。

上述情况说明,藏书无限制地发展,超过了图书馆空间的容量,会同设备、人员、管理和利用产生尖锐的矛盾。尤其是大型图书馆,藏书膨胀导致了工作负担的加重,使各项工作失去平衡。因此,藏书越多越好的观念开始动摇,而控制藏书数量的问题越来越受到重视。

二、藏书发展稳定状态理论

1974 年,美国的 G. 丹尼尔(G. Daniel)发表了一篇《向亚历山大告别》的论文,第一次提出了图书馆藏书不增长的观点。他通过研究和分析后指出,图书馆不可能满足读者 100% 的需求,但当图书馆藏书能满足读者 80—90% 的需求时,就表明图书馆的藏书已具有较高的功能,就可以控制藏书数量的增长。随着读者的需求不断转移,藏书的内容应不断发生变化。这样,图书馆在原有藏书数量基础上,每年可以新进任何数量的文献,但剔除文献的数量必须与之相当。

1975 年 1 月,美国中西部联合学院在芝加哥举行了以《摸摸无底洞的底》为主题的有关控制藏书数量的学术会议,有 230 多位专家出席。会上着重研究了图书馆的空间、藏书增长和藏书满足需求的功能之间的关系,以探寻数量不增长的高功能图书馆藏书的建设方法。会后,以丹尼尔的论文《向亚历山大告别》为书名,出版了这次会议的论文集。

同年,英国大学拨款委员会发表了阿金森(Atkinson)的工作报告。报告提出,一个有一定规模的图书馆在藏书达到一定数量后,其藏书增长速度应该等于零。即购进书刊时,应相应剔除掉数量相当的藏书。他还和巴里(Parry)、林恩(M. Line)、丹彤(F. Dainton)等人一起,提出了"自我更新图书馆"这一概念,系统地阐述了藏书发展稳定状态理论,并把它称之为藏书的零增长理论(Zero – growth theory)。

这个理论的中心思想是要控制图书馆藏书数量的增长。通过控制,使图书馆,特别是大型图书馆的藏书处于相对稳定的发展状态。具体来说,就是要求大型图书馆不要无限制地发展藏书数量,而应当在藏书发展到一定规模时,控制其增长。即在一个相对的时限内,入藏图书的数量应与剔除图书的数量相当,从而使藏书的实际增长量为零。

那么,什么是藏书发展的"一定规模"呢?阿金森等人用"最佳规模"和"成熟的藏书"这两个概念来作了说明。他们认为:"一般说来,在经费、人员、馆舍、图书馆任务等条件的制约下,能达到最好的服务效果,能发挥图书馆最大效益的藏书规模就是'最佳规模',它是随图书馆藏书的发展自然形成的";"当一个图书馆的藏书能满足读者需求的80—90%,这个图书馆的藏书就称得上'成熟的藏书',而这个图书馆的藏书规模也就称得上'最佳规模'"。显然,控制藏书数量增长,必须以此为前提。

在图书馆实际工作中,藏书发展稳定状态理论并不应该机械地看成是入藏一本书就剔除一本书。在同一时期内,新出版的文献比失去价值的文献在数量上要大得多,因而藏书的零增长实际上是不可能的,只有把藏书数量控制在低速增长的状态下才比较合理。这也就是藏书稳定状态理论所给予我们的启示。

三、控制藏书增长速度的方法

1. 精选图书。这是从藏书的入口处把关,要求在补充藏书时,对文献认真进行选择,尽量减少不必要书刊的入藏。

2. 复选与剔除。经常对已经入藏的图书文献进行复选,将失去使用价值和利用率很低的书刊及时剔除,保持藏书的活性。

3. 实行资源共享。通过建立中心图书馆、贮存图书馆,广泛进行馆际协作,各图书馆间实行藏书分工入藏,开展馆际互借,克服"大而全"、"小而全"的藏书经营思想。

4. 制定标准,规定合理的藏书数量。根据各级各类图书馆的实际,定出藏书保障率,据此计算出藏书数量的最低和最高限。目前国外已有这样的一些标准,我国也应抓紧研究、制定。

四、藏书的数量指标

上面述及的稳定状态理论,为我们研究藏书的数量指标提供了一种新的思维方式。稳定状态是一个借用的术语,它一直为工程技术人员广泛地用于描述对输入与输出进行调节的人造系统,以维持一个平衡的状态。

系统是指由相互作用和相互依赖的若干部分组成的具有确定功能的有机整体。从系统的构成以及与环境的关系出发,可分为封闭系统和开放系统。封闭系统是指那些没有任何形式的能量输入或输出的系统;反之,就是开放系统。图书馆是以藏书为工作基础,以读者服务为目的,具有持续输入和输出的开放系统。对于这种流动性的开放系统,相对稳定是系统功能得以正常发挥的基本保证。这就要求图书馆藏书系统在与外界环境的能量交换中,不断更新其组成元素,进而促使系统逐渐成熟,并趋于最佳状态。若系统属性之值保持为一个常数,或在一定限度之内,那么该系统则为稳定的。因此,我们以图书馆藏书数量的低速增长为前提来讨论并实施稳定状态理论,也就成为理论依据的一部分。对于开放系统,由于外部环境经常而持续地作用于系统,以及系统的反馈作用,再加上两者的不停运动,使得系统处于经常的不平衡状态,呈一定的流动性。然而对于确定的系统,一定时限内的相对稳定是有决定意义的。一方面,稳定程度标志着系统的完善程度,反映着发展的水平。另一方面,稳定程度是系统高速发展的重要条件之一,关系到发展的基础。可见,开放系统的稳定状态决定着系统的健康程度。因此,藏书发展稳定状态理论包含着积极的合理的因素,为图书馆控制藏书数量,探求合理的藏书数量指标提供了理论依据。

图书馆的藏书量总有一个限度,它不能无限地增长。确定图书馆藏书量应制定相应的文献采购策略:

1.确定适当的要求比例。既要使收藏文献的可能度满足一定的标准,又要使读者使用文献的满足度达到一定的要求。文献收藏的可能度与读者使用文献的满足度二者并合的标准可以用文献的读者占有率来描述。利用读者占有率及其变化的逐年预测,可以精化书刊的收藏。因此,在进行文献采购时,应根据情报服务的需要和经费的可能确定一个适当的要求比例。

2.合理控制新购文献的比例。新增文献与原有馆藏应有一个合理的比例,也就是说,馆藏更新的速度要适当。对于某一学科来说,其收藏文献的更新速度要与该学科的发展速度相适应。因为学科的发展速度与文献数量的增长有着密切的联系,所以文献计量数据能为确定新购文献的比例提供定量依据。

3.确定各学科文献的比例。这个比例的确定是以文献计量的各种指标统计为依据的。例如,对各学科文献的流通统计、各类读者的分析、读者流量的比较等,都可以说明对各学科文献需求上的差别。

4.优先订购核心书刊。根据布拉德福定律的原理,绝大部分的期刊论文都来自少量的核心期刊。核心藏书是指在知识门类和出版物类型方面都与该图书馆藏书特色相一致,在科学和艺术方面都是最有用的必备的最低数量的出版物。文献搜集的基本要求就是优先收集那些情报密度最高的情报源。因此,为了达到预定的收藏目标,我们必须优先订购相关领域的核心书刊。

常用藏书合理数量的标准是其利用指标。不同类型、不同级次的图书馆,其藏书的数量指标是不相同的。一般地说,一个图书馆在初创时,应拥有的最低藏书量不得少于一定的数量。以高校图书馆为例,这个最低藏书量不得少于 50 册/一个学生。初具规模后,藏书保障率应不少于 100 册/一个学生。一个图书馆藏书量的上限应参照 1979 年 12 月开始实行的有关规定（仍以高校馆为例）*。

在校生人数	科　别	最高藏书量	藏书保障率
500	理工	13 万册	260 册/人
	文科	18 万册	360 册/人
1000	理工	22 万册	220 册/人
	文科	30 万册	300 册/人
2000	理工	40 万册	190 册/人
	文科	50 万册	250 册/人
3000	理工	50 万册	170 册/人
	文科	66 万册	220 册/人
5000	理工	70 万册	140 册/人
	文科	100 万册	200 册/人

全国重点高校图书馆的藏书量已超过上述标准，可根据本馆承担的任务及在现有藏书量的基础上，适当增加一定的数量。

第二节　图书馆藏书的评价

一、藏书评价的含义

图书馆补充的藏书是否具有实用性、科学性，需要经常地对已经入藏的书刊文献进行评价才能得出结论。所谓图书馆藏书评价，是对图书馆现有藏书体系所具有的各个属性方面进行检测、评估，包括对藏书数量、藏书结构以及藏书本身的科学艺术价值等合成的总指标进行评价。显然，图书馆藏书评价是对整体藏书而言

---

　*　参见：于鸣镝著《图书馆管理学纲要》，第 205 页，辽宁人民出版社，1986 年出版。

的。因此,高质量的藏书本身就包含着足够的品种和适量的复本这样的内容。

二、最佳藏书体系的标志*

1.特点鲜明。任何图书馆的藏书都应该有自己的特点,不仅不同系统的图书馆之间有自己的特点,就是同一系统中不同规模、不同专业的图书馆之间也都应具有独特的个性。如果一个图书馆的藏书没有自己的特点,它就没有形成自己的藏书体系。从这个意义上说,藏书特点是最佳藏书体系的首要标志。

2.重点突出。任何一个图书馆的藏书都是一个文献集合体,是各学科、各文种、各类型出版物的总和。但是,它们之间并不是处于同等地位的。相反,图书馆必须根据自己的读者对象和任务,把各种不同学科、不同水平、不同文种、不同形式的知识情报载体,按照一定的原则和方法,组成一个有主有从、有专有博、重点突出、相互配合的有机整体。

3.质量高精。通过精选,入藏那些本馆需要的书刊,以保证符合读者需要的高精度。

4.数量适度。没有数量就没有质量,没有数量充足、品种齐全、复本适度的藏书体系是不健全的藏书体系。

三、藏书评价的方法

图书馆藏书质量是从不同的方面来显示的。首先应从特定书刊本身的科学、文化价值及其同本馆的方针任务、读者需求相适应的程度等方面进行检查。也就是说,首先应检查本馆所需要的各种重要书刊是否已经入藏;另一方面,还要从整体藏书的针对性、

---

* 参见:于鸣镝著《图书馆管理学纲要》,第198—199页,辽宁人民出版社,1986年出版。

完整性、系统性、时间性和未来的发展等角度去考察藏书满足读者需求的能力。

目前,我国图书馆界还没有一套较为实际有效的、能够全面评价藏书质量的标准和方法。所以在实际工作中,主要是靠一些定性的经验方法和统计分析方法来对藏书进行评价。下面介绍几种常用的评价方法:

1. 书目对比分析法。

主要通过标准书目、核心书目来对馆藏书刊进行比较,看藏书在多大程度上覆盖了书目所列出的文献。

所谓标准书目,主要是指由有关权威机构编制的,说明进行有关学科的学习或研究所必须具备的文献的目录,或专门为有关图书馆编制的必备书刊目录。而核心书目则是由有关单位编制的、反映那些科学艺术价值高、读者经常利用的书刊的目录,这些书刊将构成图书馆藏书的核心部分。

一般来说,不同类型的图书馆都可以有自己的标准书目和核心书目作为评价藏书的指南。例如国外有许多标准书目和核心书目,包括《大学图书馆常用书》、《公共图书馆常用书》、《适合于综合性图书馆收藏的×××年美国科技图书》等。这类书目有的是单独出版,有的则是附在有关书刊之内。通常,用标准书目和核心书目对藏书进行比较后的结果很有说服力,往往可以揭示藏书的空白处或薄弱处,为提高藏书质量提供参考。

我国近年来也编了一些核心书目,如中国图书进出口总公司编辑的《国外核心期刊专辑》(《世界图书》1981 年第 6 期 B 辑)、《中国自然科学核心期刊》等。标准书目现在还没有,但我们可以把有关部门编辑的推荐书目、教师提供的教学参考书目看成是这类书目,用它们来对馆藏书刊进行比较。

当然,书目对比法并非完美无缺。标准书目、核心书目也完全可能遗漏部分重要的书刊,更何况书目的编制总是落后于馆藏建设,馆藏中一部分新书新刊往往在书目之外,无法作出及时评价;其次,各馆的性质、任务、藏书范围不尽相同,而标准书目、核心书目则是对一般图书馆的共性藏书而言,因此用它们对比本馆藏书,容易产生偏差。尽管如此,由于这种方法简便易行,仍不失为一种评价藏书的较好方法。

2.统计测量分析法。

这种方法主要是指利用图书馆的各种统计资料、数据,对藏书进行分析和评价。

(1)藏书保障率:图书馆每个读者平均占有的藏书量,或每个读者到馆一次可以获得的藏书平均数量(不考虑图书馆借书规则对借阅量的限制)。其计算公式如下:

$$藏书保障率 = \frac{图书馆藏书总册数}{读者总人数} \times 100\%$$

藏书保障率是从数量角度来评价馆藏的一种指标,但它又是藏书质量评价的基点。因为一个图书馆若没有达到基本数量的藏书,质量也就无从谈起,而人均占有的藏书数量太高,则表明藏书有过分的完备性,造成了藏书资源的浪费。因而藏书保障率又是确定图书馆藏书规模的一项重要指标。一般来说,经过长期的调查研究与分析测算,可以定出一个藏书保障率的基本标准。比如综合大学、文科院校的图书馆,其藏书保障率为150—200册/人比较适宜;而理工科院校的图书馆,藏书保障率为80—150册/人比较适宜。人均藏书量与藏书规模成反向关系,总藏书量多的图书馆,藏书保障率应取下限;总藏书量少的图书馆,藏书保障率可取上限。

(2)藏书利用率:指一定时间内,读者外借和阅览藏书册次数同馆藏书刊总数之比。其计算公式如下:

$$藏书利用率 = \frac{外借和阅览册次数}{馆藏书刊总数} \times 100\%$$

一般来说,图书馆藏书利用率越高,其藏书的质量也越高(贮存图书馆除外)。苏联规定一般图书馆的藏书利用率要达到140—300%,日本市民图书馆希望达到400%,而我国大多数高校图书馆和省级公共图书馆的藏书利用率仅达到30—45%。当然,影响藏书利用率的因素很多,但藏书质量不高,不符合读者需求仍是一个重要因素。

(3)藏书拒借率:指一定时间内,在读者提出的合理借阅要求中,未借到书刊的数量占读者所要借的书刊总数的百分比。其计算公式如下:

$$藏书拒借率 = \frac{没有借到图书的数量}{读者要求借阅的总数量} \times 100\%$$

从藏书的角度看,拒借率高,表明藏书的完备性不够,复本量不足,需要进一步补充。

以上三个指标,如果单独用来评价藏书,可能会出现片面性。因为藏书保障率同藏书利用率是成反向关系的,强调一方面,往往忽略另一方面;而单纯为了降低藏书拒借率,也有可能使整个藏书的比例失调。因此,在评价藏书时,应该把这几项指标综合起来考察:

(1)如果利用率指标较高,而拒借率指标较低,表明藏书的规模、内容是比较好的;

(2)如果利用率指标较高,但拒借率指标也高,表明藏书的内容较好,但藏书的完备性不足,需增加常用书刊的复本量;

(3)如果利用率指标较低,而拒借率指标也低,表明藏书内容较好,但有过分完备性,应降低某些藏书的复本量;

(4)如果利用率指标较低,而拒借率指标较高,表明藏书不仅内容不合适,而且还有过分的完备性。图书馆必须大力剔除无用的藏书,并努力改善藏书的成分。

3.藏书结构分析法。

这种方法主要是对本馆藏书的构成进行综合分析，即从藏书的学科范围、语言文种、载体形式、深浅程度等各方面对藏书结构进行全面考察，看藏书结构中的各种比例关系是否恰当，是否形成了有主有从、有专有博、互相配合的藏书体系。在已经编制了藏书结构一览表的图书馆，可以直接根据该表进行检查分析；而没有进行过藏书结构规划的图书馆，则可以用当前国内外比较通行的"五级藏书结构模式"为参照系，根据本馆的任务、读者对象和藏书范围，把藏书划分为若干级别，逐级进行分析，检查藏书的各个级别是否达到了模式规定的要求。通过藏书结构分析，能够发现本馆藏书的优势和薄弱环节，有利于藏书中各种比例的调整。但是，这种藏书评价方法比较复杂，工作量也很大，通常只是在进行藏书结构规划时用来了解藏书的现状。

由于藏书评价是一项涉及面很广的复杂工作，而且与评价有关的各种参量也难以精确获取，因而以上介绍的方法都不够完善，藏书评价的客观标准还没有形成。各图书馆在进行藏书评价时，可以根据本馆实际，灵活采用各种方法。

第十一章　图书馆藏书的保护

　　图书馆藏书具有特殊的精神价值和物质价值,因而图书馆的基本任务之一,就是要妥善地对馆藏书刊进行保护,以保证人类的精神财富得以广泛的流传。正是由于图书文献是人类共有的精神财富,因而对它们的保护具有巨大的社会文化意义,这一工作也因此受到了世界各国的普遍重视。

　　早在 1954 年,联合国教科文组织(UNESCO)就发起召开了一个各国政府间的会议,在海牙通过了保护文化财富公约。这个公约指出,图书馆藏书与其他文化财富一样,在遇到任何形式的毁灭或强占威胁时,应当受到国际保护。国际图书馆协会联合会(IF-LA)也在其长期纲领和备忘录中指出,保持图书馆藏书的完整,是各国图书馆的重要任务之一。

　　我国是一个文明古国,图书文献的出版源远流长,许多图书馆都保藏有珍贵的古籍善本,而且随着现代藏书补充的不断进行,图书馆收藏的各种有保存价值的藏书越来越多。怎样使用好这些藏书、保护好这些藏书,已经成为我国图书馆界迫切需要解决的课题。

第一节　藏书的清点

一、藏书清点的意义

图书馆的藏书经过一段时间的流通后,应该定期或不定期地进行清点,以了解藏书是否安全与完整,从而采取措施,保护国家财产免受损失。通过藏书清点,可以摸清图书馆的"家底",掌握馆藏实际情况,还可以发现典藏流通工作中的问题,及时堵住藏书管理中的漏洞。因此,它是保护藏书的重要环节。

藏书清点是一项工作量很大而又要求十分细致的工作,必须有组织、有计划地进行。要明确清点的目的、要求、原则和范围,确定清点的人力、时间和方法。为了不影响图书馆的日常外借阅览工作,藏书清点一般不宜闭馆进行,而应采取分库、分类、分架清点的方式,积各局部的清点结果而为全面的清点结果。

二、藏书清点的方法

藏书清点的具体方法有下列三种:

1. 排架目录清点法。

大中型图书馆由于藏书数量较多,一般都备有排架目录(又称典藏目录),以反映藏书在书架上的排列顺序。排架目录的排列顺序与藏书在书架上的排列顺序完全一致,一书一卡,书卡对应。因此,用排架目录逐一核对藏书,能够使清点迅速而又准确。在清点时,如果发现藏书有缺漏,可将该书的目录卡片立起来,等清点完一个单元,再用立起来的卡片去同外借记录核对,如果仍没有发现这本图书,则表明这本书可能遗失,需作出相应的处理。

采用排架目录清点法的一个前提条件是,在清点前应整理好藏书排架,使藏书排列顺序准确无误。因此,这种清点方法不仅简便迅速,还能使乱架的图书恢复正确的排列顺序,使那些排错位置的藏书起死回生。

2. 个别登录簿清点法。

这种方法是利用图书馆财产登录簿直接与书架上的图书进行核对,依登录号顺序进行,简便准确。但这种方法只适合于按个别登录号排架的藏书,通常只在部分书库采用。

3. 检查卡清点法。

这种方法比较适于没有排架目录的小型图书馆。具体做法是:在清点工作开始时,对所清点的每一册图书都编制一张检查卡,卡上填写该书的书名、著者、索书号和登录号,然后在编过卡的图书上做一查讫记号,借出的图书也要根据借书记录制卡。待检查卡全部编制完成后,将它们按登录号的顺序加以排列,然后再与图书登录簿逐号查对,就能发现哪些书丢失了。这种方法比较灵活,可以多人同时作业,而且结果也比较准确,但编制检查卡需耗费较多的人力、物力。通常在清点之后,检查卡按类保存起来,以备下次清点时再用。

由于各图书馆藏书情况不同,排架方法和目录体系也不一样,因而藏书清点的方法不能强求一致。应该结合各馆的实际情况,灵活地采用各种有效的方法。但必须注意,藏书清点完毕,对发现的问题应有专人负责处理,避免有头无尾。

全部清点工作结束后,要作出书面总结,汇报清点情况和清点结果,得出实际藏书数字,附录遗失图书清单,分析造成藏书损失的原因,提出今后加强藏书保护的措施。最后办理遗失图书的注销手续,调整相应的公务目录和读者目录。

第二节　藏书产生损失的原因

图书馆藏书发生损失的原因,可以归结为社会原因和自然原因两个方面。分析这些原因,可以帮助我们提出相应的对策。

一、社会原因

社会原因主要是指图书馆藏书受到人为的丢失或毁坏。图书馆藏书由此受到的损失数量十分巨大,仅苏联每年就损失约1000万册,美国每年更达到4000万册。我国虽然没有具体统计,但其数量肯定不会太少。

产生藏书损失的社会原因,图书馆工作人员和读者双方都有责任。就图书馆员来说,其职责是使每一个读者懂得图书馆藏书的社会意义,向他们宣传并要求他们遵守图书馆藏书的使用规则,帮助他们掌握爱护藏书的技巧和习惯。如果图书馆员缺乏责任心,不能认真执行藏书保护制度,就会容忍少数读者任意撕毁、涂划、蹂躏,甚至盗窃藏书的行为发生。事实上,对藏书管理不善,对读者不正当的利用行为容忍迁就的图书馆,最容易使藏书发生损失,而且这种损失还会恶性循环地发展。因此,图书馆员做好爱护藏书的宣传教育工作,与各种破坏藏书的不良行为进行坚决斗争,在图书馆中创造出一个图书馆藏书不容损毁的社会气氛,是减少图书馆藏书人为损失的关键。

另一方面,由于图书馆藏书是为读者所利用的,对藏书的保护也离不开读者的道德觉悟。这种觉悟来源于他们对图书馆藏书在社会发展中的巨大作用的深刻认识,也来源于他们对为当代人和后代人保存精神财富的认识。通常,文明程度越高的读者,对藏书保护的认识越深刻,使用藏书也越文明。显然,要提高读者的觉悟,仅靠图书馆的努力远远不够,还要有整个社会的共同努力。要使读者认识到,损坏藏书、涂划藏书、把藏书据为己有和不负责任的丢失藏书是可耻的。对损坏图书馆藏书,既要承担道德上的责任,也要承担物质上的责任,在严重的情况下,还要承担法律责任。

二、自然原因

自然原因主要是指自然界中各种物理、化学及生物因素对藏书的影响。由于图书馆藏书的载体大多是人工合成的有机物质,如果在保存中缺乏适宜的条件,再加上客观环境中各种有害物质的催化和侵蚀,很容易使它们过早老化、变质,丧失原有的力学、光学和化学性能。例如使图书出现变黄、变脆、变散、折卷、开胶、脱落等现象。而当文献载体遭到霉菌、虫害的侵袭,遇到水灾、火灾的洗劫,则更会造成毁灭性的损失。因此,要使图书馆藏书不受自然因素的破坏,必须在图书馆中创造各种适宜于藏书保存的条件,包括适当的温度、湿度、光照、通风和清洁卫生等等,还要做好预防各种意外灾害的工作,及时发现和制止水灾、火灾、虫灾的发生。

从自然原因方面研究藏书的保护,图书馆界目前已经总结出许多方法和技术。同时它本身也逐渐发展成了图书馆学一个独立的分支学科——藏书保护学。

第三节 藏书保护的内容与方法

藏书保护的内容要求图书馆从改善藏书保存的自然条件入手,采取一系列安全保护措施,以预防为主,最大限度地消除导致藏书损毁变质的各种隐患。

一、防潮及防高温

大多数的文献载体既怕潮湿多水,又怕炎热高温。当书库中湿度过大,空气潮湿,各种载体容易吸水发霉;当书库中温度过高,空气干燥,各种载体,尤其是纸张又容易脱水脆裂。因此要注意保持书库的温湿度。书库的理想温度是 16—18℃ ±2℃,理想的湿度是 50—60% ±5%(缩微胶卷要求湿度下降一半),各图书馆可以参照这个指标,采用各种除湿、降温的方法,为藏书创造一个最佳的温、湿度环境。

二、防晒与防磁

书库照明分两种,一种是自然采光,一种是人工照明。自然采光为日光或漫射的白昼光亮。藏书应尽量避免被阳光直射,因为太阳辐射会使文献载体发生不可挽回的光学、力学和化学变化,从而降低其强度,使纸张发黄,使缩微品及其他胶片变质。为了防止阳光直射,书库应安装毛玻璃或百叶窗、遮阳板、窗帘等。采用人工照明的书库,由日光灯和白炽灯发出的光,也同样对藏书有破坏作用,只是影响要小些。一般地说,在存放纸张型文献的书库不宜安装日光灯。书库内各种灯具的照明度、照明时间和照射方向,必须控制在各种文献载体受害最小的限度内。

由于磁性载体的文献在藏书中所占比例越来越大,因而必须对它们进行电磁防护,以避免偶然抹去或破坏其中记录的内容。为此,各种录音带、录像带和计算机可读的磁带、磁盘等,要保存在远离电缆和电机的地方,使它们免受电磁场的危害;同时要禁止用电气机械设备来传送磁性资料,以保证它们的安全。

三、防尘与防菌

书库内的空气很容易受到灰尘和各种有害气体的污染,这对藏书保护十分不利。为了及时排除废气和杂质,书库内应保持通风,使室内外空气得到交流。要使空气在书库内平稳地流动,其运动速度为 0.3 米/秒,过快过缓都不适宜。为了减少外界空气污染对书库内的影响,有条件的图书馆最好装置空气调节器,对入室的空气进行过滤,并且经常进行卫生清扫,用吸尘器清除灰尘。

灰尘及混浊的空气不仅会直接沾污、损坏藏书,它也为各种微生物和害虫提供了滋生繁育的条件。各种细菌和霉菌能够附着在图书的纸张上,从而破坏其结构,并在化学上改变其物质成分;同时它还能通过读者的携带、交流,成为各种疾病传播的媒介,影响人体的健康。因此,防尘灭菌应该引起重视,要及时采取措施,彻底隔离传染源,并采用各种对人和藏书无害的方法,对书库和藏书进行消毒处理。

四、防虫与防鼠

对藏书破坏性较大的有害生物,除微生物外,主要有蛀虫、蠹鱼、白蚂蚁及老鼠等。这些害虫和老鼠隐藏在书库内,专门蛀咬书页,损坏藏书的物质结构。由于这些害虫和老鼠都是外来的,因此对它们一般采取“以防为主,以治为辅”的方针,除放置杀虫、灭鼠的药物外,主要应注意书库的通风、防尘、防潮等,去除虫、鼠滋生繁殖的条件。及时堵塞书库的各种漏洞、墙缝,制止读者携带食物进图书馆等,是防止鼠害发生的必要措施。一旦在书库中发现虫害、鼠害,必须尽快加以消灭。

六、书库防火

大多数文献载体都是易燃物质,一遇火灾,损失将非常严重。

因此,各种类型的书库都必须采取一切有效措施,防止火灾的发生。为了消除火灾隐患,书库内严禁吸烟,严禁存放易燃易爆物品。要定期检查电路和电器设备是否完好,定期检查灭火器材是否有效。有条件的图书馆,应配备自动灭火设备和自动报警装置。

六、装订修补

对藏书进行装订、修补、加固,是保护藏书,延长藏书使用寿命的有效措施。对磨损、撕页或脱线的书刊,应及时裱糊、修补,以恢复其原貌;对零散期刊和连续出版物,要及时按年、按套装订成册,以保持其完整;对一些经常使用的图书,要加固封面,增添保护性外壳,以提高其耐磨强度。这项工作在开架书库尤其应作为一项经常性的工作来进行。

七、防止人为损害

正如前面所说,保护藏书的安全,防止人为的损害,不仅是图书馆员的责任,也是每一个读者的义务。为了做好这项工作,图书馆首先应加强书库管理制度,除开架书库外,未经批准,非书库管理人员不得随意进出书库;其次,要建立健全对读者遗失、损坏、盗窃藏书的赔偿制度和处理办法,严格还书检查和过期催还制度;第三,图书馆应利用各种条件、各种机会,经常向读者进行爱护藏书的教育,有条件的图书馆,可以安装电视监视系统或自动防盗报警装置。

第四节　藏书保护技术

藏书保护技术是一门既古老又年轻的边缘科学。它是以自然科学为主要内容,研究图书文献的损毁规律及保护方法,延长图书文献寿命的一门学科。藏书保护技术,从图书文献产生起开始出现,千百年来,随着公私藏书的发展而不断发展。现代的藏书保护,不仅要继承古代藏书保护的经验,还要吸取现代科学技术的成果,不断创造出新的、有效的藏书保护技术。正因为如此,藏书保护技术是一个很有发展前途的学科。

一、我国古代的藏书保护技术

我国具有悠久的典藏文献的历史,与之相适应,我国的藏书保护技术也有相当长的历史。研究古代藏书保护技术,可以使我们知古而创新,不仅起到继承,借鉴的作用,还可以促进现代科学技术条件下的藏书保护技术的研究。

我国古代藏书保护技术,可以分为以下几个方面叙述:

1.“杀青防蠹”,“染纸防蠹”技术。

在纸张发明以前,文献载体除了金石缣帛以外,主要是竹简。由于竹简很容易“腐蠹绝灭”,于是人们在实践中逐渐创造了“杀青”这种加工方法,以保证简书不受虫蛀。据汉代刘向《别录》中的记载:“……新竹有汁,……善朽蠹,凡作简者,皆于火上炙干之,……以火炙简令汗去其青,易书,复不蠹,谓之‘杀青’,亦曰‘汗简’。”这种杀青防蠹技术的采用,表明当时人们已开始有意识地摸索藏书保护的有效方法并已取得了一定的成效。同时,它也提示了后人,进行藏书保护,首先是对文献载体本身的保护。这对于纸张发明后用于文献保护的防蠹纸的出现,有很大的关系。

最早的防蠹纸称为“潢纸”。它是一种用染的方法将黄檗汁渗入纸张以达到长期防蛀目的的加工纸。由于黄檗汁含有大量生物碱,因而能有效地防止虫害。北魏贾思勰在《齐民要术》中,专门有“入潢”一节,对这种方法进行了理论上的总结。到了唐代,传统的用黄檗汁染纸的方法发展成直接在纸浆中添加黄檗汁,使它成了造纸过程中的一道工序。我们今天能见到的敦煌佛教经卷,大部分都是用潢纸抄写的,尽管有些破损,但绝无虫蛀的痕迹。

与潢纸类似的还有碧纸和椒纸。碧纸染汁的主要药用成分是由蓼兰、菘兰、靛兰、兰草和马兰等植物的茎叶炮制而成的,呈蓝紫色。而椒纸则是由胡椒、花椒和辣椒浸出的液汁染成的。它们防蛀的效果都相当好。

在明清线装书盛行的时期,我国南方又创造了一种新的防蠹纸,这就是著名的"万年红纸"。它是一种单面涂有桔红色涂料的纸。这种涂料的主要化学成分是四氧化三铅(Pb_3O_4),俗称砒霜,因其化学性能稳定,颜色与功能历久不衰,故被称为"万年红纸"。这种纸一般装在线装书的扉页和底页的位置,一前一后各装一张。据有关人员调查,所有图书馆中,现存装有万年红纸的古籍无一遭受虫蛀,充分说明了这种方法的可靠性。

2. 药物防害技术。

在我国古代科学技术中,药物学的成就是举世公认的。在藏书保护活动中,我们的祖先很早就会利用丰富的草药资源,将其放置在书籍、书柜和书库中,以防止害虫对书籍的蛀蚀。例如汉代用兰草,唐代以后用芸香草,将其叶片等夹置在书页中,利用这些香草中的挥发性化学成分达到驱虫防蠹的效果。据《群芳谱》记载:"此草香闻数百步外,……置席上去蚤虱,置书帙中去蠹。"由于古代兰草、芸香草被普遍用作藏书避蠹药物,因此它们几乎成了藏书机构的代名词。所谓"兰台"、"芸台",都是指各时代的国家藏书机构。

除了采用兰草和芸香草避蠹之外,还有不少藏书家采用烟草、荷叶、芥菜和香篙等植物,其驱虫效果也很好。

明清时期,随着民间藏书的普及,藏书保护技术也有了较大发展。单一的药草避蠹发展到了土法制造合成药物甚至直接采用化学药物。据孙庆增的《藏书纪要》,那时人们已经总结出"柜顶用皂角炒为末,研细,铺一层,永无鼠耗","用炭屑、锅锈铺地,则无蚁"的方法。而叶德辉的《藏书十约》则进一步指出:"橱下多置雄黄石灰,可避虫蚁。橱内多放香烈杀虫之药品。古人以芸草,今则药草多矣。肉桂、香油或嫌太贵,西洋药水药粉,品多价廉,大可随时收用。"由此可见,我国古代已积累了大量药物防害、保护藏书的经验。

3. 建筑防护技术。

建筑防护是我国古代藏书保护技术中的重要内容之一。怎样通过书库建筑使藏书不受火灾和其他灾害的侵蚀,历来受到古代藏书家的重视。

早在殷商时代,我们的祖先就营造了专门存放甲骨卜辞的窖穴。在这种窖穴中保存的甲骨文献,不仅避免了大自然的损害,而且由于集中封存,防止了散失,因此留传至今。

我国古代在文献数量较少的时期,藏书往往是凭借天然的石仓石洞。所谓"秘籍藏于山林",就是为了远离人间烟火,以便久存。但在纸张发明、文献数量大增的情况下,建造能够避水防火的书库就受到了相当的重视。

从汉代起,我国古代的官家藏书机构常以"石室"相称。所谓石室,就是指人工建造的石结构的书库。公元1900年敦煌石室的发现,为我们完整地展示了古代石室藏书的情况。据专家考证,敦煌石室藏书至少有900年的历史了,其中二万五千卷以上的文献,包括最早的一些印本书和大量的写本书,是因为战乱而被有意封存起来的。由于石室多年没有开启,里面的温度、湿度十分稳定,光线和空气对纸张的破坏很小,再加上古纸本身的抗老化性,因此所有文献都保护完好。

在私人藏书楼中也有许多这样的例子,如明代建造的浙江天一阁,就是采用建筑防护技术的一个典型。据文献记载,天一阁建筑"纯用砖,不用木植,故不畏火烛"。且"阁前略有池石",能避火种。这种建筑备受后世推崇,不仅后来有许多私人藏书楼如此仿建,甚至连清王朝为典藏《四库全书》而建的七阁,也是"参用其式"。它们代表了我国古代藏书建筑保护技术的水平,至今仍有借鉴意义。

二、现代图书文献保护技术

现代图书文献保护技术涉及的科学门类很多,如物理学、化学、生物学、气象学、建筑学、植物学、电子学等等。因此,将这些学科的最新研究成果应用于图书文献的保护,是图书馆的重要任务。如将新型建筑材料用于图书馆书库的建设;将空调技术用于书库的温湿度管理;将原子能技术、冷冻技术用于图书文献的害虫防治;将化学化工技术用于文献纸张的脱酸、加固等等。下面分别介绍几种现代文献保护技术。

1. 研制"永久纸张",防止文献纸张老化。

17、18 世纪以前生产的纸张,由于采用优质原料,手工抄造,不施胶,纸张呈中性或微碱性,耐久性很好,如我国的宣纸等,能长期保持不变质。但是进入 19 世纪后,纸张的需求量增加,出现了机器造纸,造纸原料的质量也大大下降了;随着书写墨水和印刷油墨的问世,为了取得良好的书写、印刷效果,又开始在纸张上施胶。这就导致纸张中酸度增加,耐久性降低。据报导,目前世界各国历史较悠久的图书馆,都存在着文献纸张严重老化的威胁。我国北京图书馆的许多解放前旧书刊,每翻阅一次,就要掉下许多脆裂的纸屑,而美国纽约公共图书馆的藏书,竟有三分之一以上正在"腐烂、死亡"。这种用现代纸张印成的文献,很难贮藏百年以上。

目前,日本、美国和印度等国已生产出了中性或碱性永久纸张,用来印刷重要的图书文献,从根本上防止了图书文献的老化。据测定,这种永久纸张印成的文献,可保存数百年至千年而不毁。

我国近年也已开始永久纸张的研制工作。湖南省造纸研究所研制的这种纸张已于 1984 年通过了阶段成果鉴定。我们相信,在科研人员和造纸工人的努力下,永久纸张不久就会在我国大量生产,这将给藏书的保护奠定坚实的基础。

2. 采用脱酸技术,防止图书脆裂。

大量的研究和实践证明,酸性是图书文献纸张加速变质的重要因素。高酸度的纸张能在短时期内水解变质发生脆裂。纸张的酸性主要来源于两个方面,一是在造纸过程中为提高印刷效果而必须向纸浆中加入的硫酸铝;一是生产出的纸张受到空气中二氧化硫等酸性气体的污染。无论是硫酸铝还是二氧化硫,和空气中的水分、氧气结合,都能生成酸,因此现代图书文献所采用的纸张多呈酸性,有的酸性还很严重,PH 值在 5.0 以下。

从本世纪 20 年代以来,人们就开始研究纸张脱酸技术,力图把它用于文献的保护。最初是采用氢氧化钙、碳酸钙、醋酸镁等液相脱酸剂浸泡纸张脱酸,但这种方法会使纸张变皱,而且成本太高。后来又采用了氨气、玛啉、二乙基锌等气相脱酸剂干燥脱酸技术,效果很好。目前,美国国会图书馆正在利用外层空间飞行试验装置,采用二乙基锌进行大批图书的脱酸处理;我国的南京博物院、中国第二历史档案馆等单位,也做了有关的研究工作,并取得了初步成果。据测定,现代纸张经脱酸处理后,PH 值可提高到6—8,而纸张寿命则可提高到 500 年以上。

3. 化学药品熏蒸杀虫技术。

在现代社会中,人们对化学杀虫剂的要求是:杀虫效果好,毒性低,残留少,没有腐蚀性。在杀灭书库害虫时,还要求它不污染藏书。最近,由农牧渔业部植物检疫所、浙江省化工研究所研制成功的硫酰氟,作为藏书保护中的熏蒸杀虫剂,基本上取得了这样的效果。经过实验证明,在每立方米书库,采用 10 克以上的硫酰氟熏蒸,密闭 48 小时,可 100% 杀死各种书籍害虫,而对纸张强度没有明显的影响。如果今后能进一步解决这种化学药品的纯度问题,则它在藏书保护中的应用更有希望。

210

4. 充氮降氧杀虫技术。

这是近年来新出现的一种杀虫技术,也称为气调杀虫或充氮杀虫。目前在粮食和商品存贮方面已得到应用,在藏书保护中的应用正处于试验阶段。

这种杀虫技术的基本方法是,向容器或库房内充进氮气,排出氧气,使空间内的氧气含量降到 1% 以下,害虫因此窒息而死。据重庆市档案馆 1982 年的试验,表明这种方法有比较理想的杀虫效果,同时具有无毒、无味、安全、经济等优点,对文献纸张、字迹的寿命也很有利。因而这种方法在藏书保护中具有一定的应用前景。

5. 远红外线及钴 60—r 射线辐照杀虫技术。

远红外线是一种电磁波,其波长为 10—1000 微米。其杀虫机理是利用远红外线所特有的热效应造成高温,以及自身加热产生很强的穿透力而达到杀灭害虫的目的。武汉大学图书情报学院进行过这种试验,用远红外线杀灭花斑皮蠹,结果害虫在温度 50℃ ±1℃ 的条件下,经过 5—110 分钟的辐照,全部死亡。而在这种状况下,对纸张、字迹的物理性能都没有明显的影响。

钴 60—r 射线是放射性同位素钴 60 放出的一种波长为 10^{-8} cm 的电磁波,这种波的能量很高,穿透力很强,能有效地杀灭各种害虫。最近,档案科学研究所和中国科学院生物物理所开始研究把这种射线用于档案资料的杀虫消毒,并于 1984 年通过了阶段成果鉴定。实验表明,采用钴 60 射线辐照杀虫,具有杀虫彻底、不残留、不污染环境等优点。只要保持辐照剂量在 10 万伦以下,对文献的纸张、字迹都没有明显的影响。

6. 低温冷冻杀虫技术。

这是利用低温使害虫冷冻致死的一种物理杀虫法。美国耶鲁大学图书馆已正式采用这种方法进行书库杀虫,获得了满意的效果。据初步观察,一般藏书的害虫在 -10— -15℃ 的范围内,较短时间即可致死。因而采用这种方法具有无毒无损、不污染环境、安全经济等优点。

7. 紫外吸收剂保护技术。

紫外线也是一种电磁波,其波长介于 X 射线和可见光之间,对文献纸张、字迹有很大破坏作用。它能与纸张中的纤维素、木质素及字迹中的色素成分发生光化学反应,导致纸张发黄变脆,字迹退色。近年来,国内外许多研究人员都在研究防止紫外线对藏书破坏的措施,已取得了一些成果。

中国科学院化学所最近研制成功了 KH—1 型滤紫外光涂料和薄膜。这种涂料可涂在展览柜、书橱及门窗的玻璃表面,使99% 以上的紫外光得到滤除,而不影响可见光的透过;滤紫薄膜的滤除紫外光能力与滤紫涂料相同,可见光的透过率也很高,接近窗户玻璃,可用来包日光灯管。目前防紫涂料已由江苏常州第二绝缘材料厂投入生产,故宫博物院和北京图书馆新馆开始采用和准备采用。

8. 冷冻升华干燥技术。

图书文献遭到雨淋或水淹之后,会导致纸张、字迹的严重破坏。长期以来,水湿图书的干燥一直是图书馆的难题。过去曾采取过日晒、火烤、干燥箱烘烤等办法,不仅效果不理想,还会产生副作用,对图书造成一定的损害。

最近,加拿大某大学图书馆将被自来水浸湿的图书用冷冻升华干燥技术进行处理,获得了比较理想的效果。他们将湿书先放进冰箱内冷却,然后再放进真空干燥箱,经过五昼夜时间,图书丝毫无损地得到了干燥,避免了纸张起皱。这项技术引起了图书馆界的普遍兴趣。

在图书馆藏书保护技术的研究方面,苏联在国际上处于领先地位,有关藏书保护的研究机构遍及全国,并有一支实力雄厚的队伍。由于进行了大量的实验,取得的成果很多。进入 80 年代以后,苏联每个系统的图书馆,如文化部、科学院、高等院校的图书馆中,都建立了一个藏书保护技术方法中心,比较著名的有:苏联科学院文献密封与修复实验室、马列主义研究所的中心科学实验室、国立列宁图书馆及国立萨尔蒂柯夫—谢德林公共图书馆的卫生与修复部等。这些方法中心和其他研究机构,根据当地的历史、气候、藏书保管和利用等因素,划分了各自的研究范围,共同为保护全苏的藏书贡献着力量。

美国从50年代起,也首先在弗吉尼亚州立图书馆中建立了W.J.巴罗研究实验室,从事藏书的保护与研究,取得了很大的进展。50年代末,美国图书馆协会建立了图书馆技术规划组织,为藏书保护做了很多基础性技术工作。60年代末,美国国会图书馆成立了一个专门负责藏书保护研究的单位——国会图书馆藏书保护办公室。70年代初,根据藏书保护的现实需要,新英格兰等6个州的州立图书馆联合成立了一个文献保护中心,负责藏书的保护与修复工作。近年来,诸如藏书病理研究所一类的研究藏书保护的机构更是不断建立。正是在这些藏书保护研究机构的努力下,美国的藏书保护技术才取得了很多成果。

我国图书馆对藏书保护的研究是最近几年才开始的,同世界先进国家相比还有很大差距。全国现在仅有武汉大学图书情报学院设有专门的藏书保护实验室,我们有必要进一步提高对藏书保护重要性的认识,组织相当的人力、财力、物力,把我国藏书保护的研究搞上去,使我国珍贵的文化遗产得以保存而不愧对于后人。

第十二章　图书馆藏书建设的协调

第一节　藏书建设协调的意义、作用与内容

图书馆藏书建设的协调,是指在藏书建设过程中,各个图书馆之间进行的馆际协调,也就是不同图书馆为了满足社会的共同需要,协同进行藏书建设的一种协作活动。参加藏书建设馆际协调的每一个图书馆,其藏书都纳入统一的藏书系统之中。各馆必须按照事先商定的内容范围、出版物类型或其他特征,负责建设共同藏书中的某一部分,并有权使用协作建设起来的整个藏书体系的任何一部分。藏书建设协调是现代图书馆藏书建设发展的一个趋势。

一、藏书建设协调的意义

随着科学技术的发展,人类所获得的知识量正在按指数规律增长;同时,作为记录、储存、传播知识情报的文献也在迅速增长,不仅数量庞大,而且类型复杂。在这种情况下,任何图书馆都不可能将全部出版物搜罗无遗,无论是综合性的图书馆还是专业性的图书馆都是如此。

但是,读者并不因为文献数量的急剧增加而减少对文献的要求。恰恰相反,他们对书刊资料的需求范围不是越来越窄,而是越来越宽了。过去一个科技人员,只要有本学科的书刊就可以进行

研究工作,现在他却必须阅读大量的本学科和相关学科甚至非相关学科的文献。读者利用文献行为的这一深刻变化,使得他们向图书馆提出了更加广泛的需求,要求图书馆能够收藏并提供各种类型的文献。这就给图书馆藏书建设带来一对矛盾,即图书馆收藏有限的文献与读者对文献无限需求的矛盾。要解决这一矛盾,仅靠本馆的力量是不行的,只有通过图书馆之间的协作、协调,由整体图书馆群的整体文献资料才能满足读者的全部需要。

根据苏联图书馆学专家尤·恩·斯托利亚罗娃等人的研究,一个图书馆要想满足本馆读者的全部文献需求,它的藏书必须比能满足读者需求的 75—80% 时的藏书多 5—15 倍。也就是说,如果一个图书馆为满足读者需求的 75—80%,需要有 10 万册藏书的话,那么要满足读者需求的 95—100%,就需要有 50—150 万册的藏书。因此他们提出,一个专业图书馆只要能满足读者需求的 75—80% 就可以了。满足的百分比进一步提高,在经济上是不合理的。而余下 20—25% 的需求,应该依赖各图书馆之间的协作,用馆际互借的方法解决,这是满足读者全部需求的最好办法。

实行藏书建设协调,分工建设各馆馆藏,建成各馆的专业藏书体系并综合成社会整体藏书体系,是图书馆社会化的需要,也是藏书发展的趋势。

二、藏书建设协调的作用

进行藏书建设协调,能够起到以下几方面的作用:

1. 藏书建设协调有助于把各图书馆的藏书纳入统一的文献资源加以规划与建设,有助于克服各馆之间的隔离和平行,克服本位主义,消除彼此之间重复入藏及遗漏等现象,做到有计划、按比例地收集书刊资料,提高整体藏书的完备程度和情报容量。

2. 藏书建设协调有助于改善各馆原有藏书的结构,使各馆能根据分工入藏的任务大量增加本专业和相关专业文献的入藏比例,降低与本专业关系较远的专业文献的比重,形成各馆的藏书特色,不仅有助于提高藏书质量,而且能控制藏书增长的速度。

3.藏书建设协调有助于合理地使用购买和收藏文献资料的国家资金,节约经费。

4.藏书协调有助于各类型文献的广泛有效利用,减少文献收藏的冗余度。

三、藏书建设协调的内容

藏书建设协调的内容包括:

1.新书采购协调。各图书馆协调、分工入藏各类型的文献资料,尤其是外文原版书刊和昂贵而罕用的资料;按学科、专题或文献类型建立各馆的专门化藏书。

2.旧书调整、存贮。在各图书馆对本馆藏书进行复选与剔除的基础上,开展馆际间书刊资料的交换与调拨,重新分配多余的文献;联合建立贮存图书馆,集中收藏较少为人利用的文献。

3.建立联合目录报导体系。为了实现图书馆间藏书资源共享,必须全面、广泛地提供和精确地组织各图书馆藏书的通报,建立联合目录报导体系,及时有效地向社会揭示藏书,使各图书馆的读者都可以方便地使用所有参加协调的藏书。

第二节　藏书建设协调的形式与方法

一、藏书建设协调的形式

藏书建设协调的形式很多,主要有按地区范围进行的协调、按系统范围进行的协调和按文献类型进行的协调。

1.按地区进行的协调。

按地区进行协调是指在一定地区范围内,各级各类图书馆参加的藏书建设协调,它的初级形式是小范围的协调,如在一个省或市有限范围内图书馆之间进行协调。一般是在地区综合性协调机构的组织下,由当地各种类型图书馆民主协商,根据本地区的实际需要,详细制定藏书补充的专业及综合专题协调计划,并根据计划向每个图书馆分配收藏的专题及收藏文献的完备程度。在此基础上,要求各图书馆按其分工入藏文献,并始终一贯地保持下去。这种藏书建设协调的目的是满足本地区读者对图书文献的需要。

按地区进行协调的高级形式是全国范围的藏书建设协调,它是扩大了的地区性协调。它要求把全国的文献资源建设看成一个整体,统一规划、统一布局。但是,在幅员广大和存在众多图书馆的情况下,实现全国范围的藏书协调非常困难。

比全国范围内藏书协调更进一步的协调,是国际性协调,它由若干个国家参加,合作收藏全世界的文献资料,建立共同的国际文献保障系统。这种协调通常在一些比较小的国家,国与国之间具有牢固的政治和文化联系的条件下,在互相友好和信任的基础上才能得到正常发展。

2. 按系统进行的协调。

这是指在一个业务系统或部门范围内的图书馆之间进行藏书建设协调。它是从上到下,按照行政组织垂直地建立起来的协调关系,同一系统内不同图书馆根据统一的计划合作建设藏书。这种协调方式,由于有明确的领导关系,健全的组织形式,固定的层次结构,因而便于资金统一分配和藏书统一调拨。加上同一系统内各图书馆藏书性质接近,读者构成大体相同,上下级图书馆间也存在业务辅导关系,因而协调起来比较方便。

3. 按文献类型进行的协调。

文献的任何专门特征,如载体类型、语言文字、出版形式等,或是这些专门特征的结合,都可以作为藏书建设协调的依据。按文献类型进行藏书建设协调,就是各参加协调的图书馆根据文献的不同特征,分工收藏某种类型的书刊资料,建立若干专门文献中心,如期刊中心、外文图书中心、专利文献中心、标准文献中心、视听资料中心等。

上述三种协调形式各有利弊。按地区进行协调,在地理上相距较近,便于各图书馆协调补充和互相利用藏书,但因参加协调的各馆性质任务不同,读者对象各异,所包含的学科专业多而且广,协调起来比较复杂;按系统进行协调,各馆的性质任务、读者对象和所包含的学科专业都比较接近,虽然协调起来比较方便,但由于参加协调的图书馆可能不在同一地区,地理上相距较远,给互相利用藏书带来了不便;而按出版物类型进行协调,虽然容易进行,不需要划分学科范围,但会出现文献形式不同而内容却完全一致的重复现象。因此在实践中,往往需要按照具体情况将上面几种形式结合起来,这样才能收到较好的效果。

二、藏书建设协调的方法

1. 制定藏书建设协调规则。

在进行藏书建设协调之前,必须由负责协调的机构召集有关图书馆协商制定藏书建设协调规则,以此作为共同行动的依据。

藏书建设协调规则的主要内容包括:参加协调的图书馆名单,协调收藏文献的范围,协调工作的方针和任务,各馆应该承担的任务,文献的报导和共同利用等。这个规则经参加协调的各馆一致通过后,对每一个成员馆都具有同等的约束力。按照这个规则规定的权利与义务,各馆必须保证自己分工内的文献完整地入藏,必须承担入藏文献的报导任务,必须将自己的藏书提供给其他图书馆的读者使用等。只有各参加协调的图书馆能够严格遵守这些规定,履行自己应尽的义务,藏书建设协调才可能持久地进行下去。

2. 制定藏书补充综合选题计划。

藏书建设协调规则仅规定了协调中的一些重要原则和各馆藏书建设的发展方向,并未具体涉及到各馆分工收藏文献的内容与范围。要解决这个问题,必须进一步制定藏书补充综合选题计划。

综合选题计划是藏书建设协调的设计图,它用一览表的形式反映各馆藏书补充的学科范围和每个学科文献的收藏水平,是具体的藏书建设协调方案。制定综合选题计划的步骤是:

(1)参加协调的图书馆根据事先拟定的学科类目表,结合本馆原有藏书基础和今后的发展方向,选定本馆藏书补充的学科、专题,并注明每个专题可以达到的收藏水平。这里关键是学科类目表的编制。可以在《中国图书馆图书分类法》的基础上进行编制,并列出各学科、专题的范围,以便各图书馆对照。

(2)建立专门的工作班子,对各图书馆提出的藏书补充学科选题和收藏水平逐一进行分析研究。在研究过程中,要特别注意各馆重复列出的选题。对这些选题,哪个馆收藏完整级、哪个馆收藏研究级,要反复进行比较和协商,并根据各馆原有的藏书基础、读者的实际需要及该馆在本地区、本系统图书馆网中的地位来确定。原则上一个地区、一个系统对一个学科、专题的文献只能有少数图书馆采取完整级的收藏,其他图书馆如果需要,也只能使收藏水平在研究级以下。对于一些本地区、本系统需要的文献选题,如没有图书馆主动提出收集,则要由协调工作班子根据有关图书馆的情况进行分配,以便使所有重要的学科选题都有图书馆负责其文献的收集,从而最大限度地减少参加协调图书馆之间文献收藏的重复与遗漏。这样在协商的基础上,就制定出了藏书补充的综合选题计划。

藏书建设协调规则和藏书补充选题计划制定后,提交参加协调的各馆馆长会议讨论通过,最后报请上级主管部门批准下达,使其具有一定的法规效力,供各馆遵照执行。

当然,由于学科在不断变化发展,各图书馆的任务也在不断发生变化,藏书补充综合选题计划只具有相对的稳定性。因此,在执行过程中,必须随时根据已经变化了的情况,通过一定的程序不断加以调整。但是在这种调整进行之前,任何图书馆都不得随意终止或改变自己分工入藏的任务。

第三节　藏书整体布局与藏书保障体制

一、藏书整体布局的含义与要求

所谓藏书整体布局,是指在全国范围内将文献资料在各图书馆中统一进行配置,有计划、有步骤地对分散的、庞杂的文献情报资源进行整序,逐步使全国各图书馆的藏书形成一个整体,从而能动地改善全国图书情报的提供能力,促进全国整体的图书情报资源稳健、迅速地发展。即要在给定的人、财、物等外部环境的制约下,通过采取科学的方法与手段,辅之以正确的政策与法规,使全国的图书情报资源对于整个社会的情报需求能达到一个满意的保障程度。具体地说,藏书整体布局要达到以下目的:

1.图书情报资源在全国范围内得到比较均衡的分布,各地区、各类型图书馆的藏书都得到相应的发展,基本上做到按实际需要配置书刊资料,并显示出各自的特色。

2.在全国范围内,通过分工协作,尽可能收齐世界上所有重要的文献资料,力求满足社会读者95%以上的情报需求。

3.形成多层次、多功能的图书情报中心,能够对各地区、各部门图书馆的藏书起调节作用。

4.能有效地提供社会服务,方便全体读者利用藏书。

5.便于对图书情报资源进行统一管理,节约人力、财力和物力。

二、藏书整体布局的原则

在宏观的层次上对全国范围内的藏书进行整体布局,是一项十分艰巨而复杂的工程。它不同于生产力的整体布局,除了自然条件的约束外,更多地要受不同地区人们的文化素质、科学水平及情报吸收能力的影响。因此,我们有必要对影响藏书整体布局的有关因素进行深入研究,结合我国国情,找出一个合理的布局方案,进而建立起最佳的文献保障体制。在这里,关键是藏书整体布局方案的制定,而制定这样的方案,又必须遵循一定的原则。

一般来说,原则的内容是由它所反映的规律所决定的。藏书整体布局的原则,应以讲求图书情报资源建设的经济效益,最大限度地满足整个社会的文献需求为目的,并要体现达到这个目的的手段,用以指导藏书整体布局的主要方面和主要过程。因此,我国图书馆藏书整体布局的原则应该是:

1.藏书整体布局要同国家的科学、教育,文化事业及国民经济的发展相适应。

这是一条最基本的原则。我们知道,图书情报资源是发展科学教育事业及国民经济的重要条件。一个国家经济的强弱,在很大程度上取决于该国的科学技术水平,而这种水平在很大程度上又取决于该国的情报吸收能力。在当今竞争日益激烈的信息时代,谁掌握的图书情报资源多,谁就可以取得领先地位。当前,我国的四化建设正在深入进行,国民经济已开始出现新的飞跃;同时,国家又把科学教育事业作为战略发展的重点,这都势必对图书情报资源提出更多的需求,因此我们必须优先对它们进行开发和建设。为了使我国整体藏书建设与国民经济发展相适应,国家应该保证图书情报资源建设的费用逐年有所增长,力争使各学科、各门类的文献在国内都有系统的收藏,不留缺口,并使整体藏书的增长同社会整体文献生产数量的增长相一致。只有这样,才有可能使整体藏书资源满足科学教育事业及国民经济发展的需要。

另一方面,藏书整体布局又要受社会经济发展因素的制约。一般来说,只有国民经济发展了,图书情报资源建设才能得到相应发展,社会整体藏书建设不能超过经济发展所允许的速度和规模,否则将会造成大起大落的混乱局面。现在尽管我国图书文献采购经费比过去有了很大增长,但我们必须正视我国经济力量还比较薄弱这样一个现实。因此,我们在规划整体藏书建设时,既要采取积极、大胆的态度,但又不能急于求成,充满幻想。那种指望国家一下子拿出一大笔钱,在全国很快建成一批大型文献情报中心,以满足人们的各种情报需求的布局思想是不切实际的。

2. 藏书整体布局要和各地区、各部门科技、教育、管理等人员的知识水平、情报需求能力相适应。

在通常情况下,一个单位、一个系统、一个地区对图书情报的需要量,主要取决于这个单位、系统或地区科技、教育、管理等人员的数量、水平和科研的深度及广度,它们之间的关系是成正比的。我国是一个大国,经济、文化、教育、科学发展不平衡,不同地区之间有很大差别。我们在进行藏书整体布局时,必须考虑这个因素。

我国各地区发展不平衡,形成了各地情报需求的差异,即情报需求梯度——有的地区需要"尖端"科技情报,有的地区需要"中间"科技情报,有的地区则只需要"传统"科技情报。在进行藏书整体布局规划时,我们应自觉按照情报需求的梯度理论,让一些先进的、情报吸收能力强的地区和部门,首先较多地获得国外先进的图书情报资料,通过对这些情报资料的消化、吸收和转化,利用情报传递的"接力",逐步把尖端科学技术知识向"中间"和"传统"地区转移。

这里需要特别指出,就藏书整体而言,应该在全国均衡布局,但这种均衡只能是相对的,不均衡才是绝对的。在社会主义条件下,均衡与不均衡都应讲求效果,应该是经济上合理的布局。在藏书整体布局过程中,在某一个时期加强某一地区、某一部门的藏书建设,是应当允许的。只有这样,才有可能促进整体藏书的发展。

3.藏书整体布局要同各地区工农业生产相适应,要充分利用各地区的知识传统和优势。

长期以来,由于自然条件的影响和人们不同生产实践的努力,在我国的各个地区,已经形成了不同的工农业生产布局。这种不同的生产布局决定了不同地区所需图书情报资料不仅内容不同,而且数量和质量也不同。每个地区在自己的生产实践中,已积累了相当丰富的经验,具有自己的知识传统和优势,在各自已有的图书馆藏书中也有所体现,这是历史形成的,具有一定的稳定性。我们在进行藏书整体布局时,应该注意发挥这些优势,加强这些优势,这样才能使藏书整体布局既经济合理,又能发挥最大的效益。

4.藏书整体布局要有层次性,便于形成网络。

我们知道,无论是在单个图书馆还是在一个地区、一个国家的范围内,所有读者的情报需求都存在着这样的类型层次:(1)对一些情报资料大量重复出现的需求;(2)对一些情报资料重复较少的需求;(3)对一些情报资料很少重复出现甚至偶然出现的需求。相应地,图书馆藏书也可以划分成三种类型层次:大量重复需要的藏书、比较常用的藏书和很少需要甚至偶然需要的藏书。显然,藏书整体布局应与读者需求类型具有内在的一致性,藏书的保障方式也应与读者需求类型具有内在的一致性。换句话说,就是要用不同层次的藏书来满足不同层次的情报需求类型。

我们可以把藏书保障体系看成是一个大的系统。根据系统论的观点,要使系统能够有效地运动,决定因素之一是它的层次性,即系统的等级结构。整体藏书体系中的不同层次,决定了不同图书馆入藏文献的不同水平。大多数图书馆应该处于较低的层次,收藏最常用的书刊,以满足读者最大量、最经常的情报需求;同时也需要少量图书馆居于较高层次,负责收藏那些较少被利用的文献资料,以保证读者的特殊需要,使图书情报收藏机构能随着层次的提高,文献的保障率也提高。需要注意的是,对于较高层次的文献情报中心,应该建在交通枢纽或交通方便的地方,建在能使信息交换顺利进行的地方。这样才能使文献情报中心成为科学知识的集散地。

5. 藏书整体布局要有利于现代技术的应用,便于直接将文献资料转换成计算机处理的文献数据库。

现在,世界正处在新的技术革命之中,以电子计算机为代表的现代科学技术正在迅速地应用到图书馆藏书的管理中来。仅从藏书的载体来看,除了传统的印刷型外,还有缩微型、声像型和计算机阅读型等,特别是利用激光技术而产生的光盘存贮,更为高密度记录文献内容提供了方便,使大容量的文献资料数据库的建立成为可能。但是现代化的文献信息中心不可能自然而然地产生,它们主要是从传统的图书馆逐步转换而成。因此,我们现在进行藏书整体布局时就要考虑到这个因素,一开始就把基础打好。要优先选择在利用计算机进行文献管理中有一定经验的图书馆作为将来的文献信息中心,由它们统一负责国家级的图书情报资料的收集、整理、加工和提供,以便逐渐把本中心的藏书变成由计算机处理的文献数据库,通过联机检索、联网检索,真正实现全国的图书情报资源共享。

三、藏书保障体制的模式

目前国外一些发达国家在建立本国藏书保障体制、进行藏书整体布局时,采用了以下几种模式:

1. 完全集中型的布局模式。

这种模式是把全国重要的文献资源主要集中于很少几个中央图书馆,读者直接向这些中央图书馆提出文献服务的需求,由它们用外借、复制、阅览等手段来满足读者需求。

这种模式的优点是,从长远看比较经济。由于重要文献主要由几个中央图书馆收集入藏,因而可以保证中央图书馆综合性地、完整地建设具有全国意义的藏书,避免分散进行藏书建设而带来的文献重复入藏或遗漏等现象,节省为协调各馆藏书建设而花费的大量人力、物力;其次,这种模式对读者来说也比较方便,他们各种各样的情报需求可以在一个或几个中央图书馆中得到解决,减少了查找原始文献的盲目性;第三,这种模式有利于现代技术的应用。由于文献资料集中,便于中央图书馆开展复制、缩微及二次文献加工等工作,只要技术条件成熟,还可以将全部资料直接变成计算机管理的文献库。

但是这种模式也有一些缺点。首先,它只适合于一些面积比较小的国家,对于地域辽阔,通讯网络还不够发达的大国,各地大量的情报需求仅靠几个大型的图书馆来满足,必然会由于空间距离太远而加大情报传递的时滞;其次,这种模式不利于发挥各地区、各系统、各图书馆原有藏书的优势,脱离原有藏书的基础。如果是新建文献信息中心,则需花费一大笔钱。

2.集中的专业文献中心的布局模式。

这种模式是由一系列大型的具有国家图书馆性质的专业图书馆所组成,每个专业图书馆负责全面收集入藏本专业的文献资料。全部专业图书馆的藏书合起来,就成为综合性的、完整的图书情报资源。读者根据需要,直接向专业中心图书馆提出情报需求而得到外借或复制服务。

这种模式的优点是比较容易实现。按专业设立图书情报中心,相对于综合性的中央图书馆,收集、存贮文献的范围小了,因而更能保证本专业藏书的系统和完整;其次,专业文献中心的藏书建设可以有学科专家的帮助,在藏书的选择、加工方面可以更深入,服务也更有针对性;第三,按专业建立文献中心,有利于今后建设专业文献数据库。

但是,这种模式也有一个很大的缺点:由于科学本身是一个整体,它之所以被划分成各个学科领域,只是由于人的认识能力有限才不得不这样做。实际上,从物理学到化学,经生物学和人类学到社会科学之间,存在着一根环环相扣的链条,在任何一点上都无法将其任意割裂。因此,按专业进行藏书整体布局,专业领域的划分不可能非常清楚。有的文献可能是两个、三个或者更多学科都需要的,而一些边缘学科资料,又可能被各专业文献中心所忽略,人为地造成藏书的重复与遗漏。对于读者来说,一些跨专业的文献资料仍然难以找到。

3. 按文献类型集中藏书的布局模式。

这种模式是由少数几个国家级的中心图书馆按照文献的类型,集中收藏图书资料,建立专门种类的文献资料中心。如专门收藏期刊的期刊中心,专门收藏专利文献的专利文献中心等。读者需要什么类型的资料,就可以分门别类地到特定的文献中心去获取。

这种模式的主要优点是便于管理。由于各中心收藏的文献类型单一,在收集、保管、加工方面都比较方便。第二,这种模式可以保证使文献收藏比较齐全。由于是按文献类型收集入藏资料,省去了在收集前对文献进行内容分析,避免了对某类型文献重视、对某类型文献不重视的现象,减少了文献的遗漏。第三,这种模式有利于读者利用藏书,使他们能有的放矢地找到原始文献。

这种模式的主要缺点是不够经济,容易造成同一内容但形式不同的文献大量重复入藏,造成文献资源的浪费。

4. 分散责任的布局模式。

这种模式是把全国各图书馆都看成是藏书整体布局中的文献收藏点。它是把所有的文献资料根据学科内容、地理区域或年代,按照各图书馆的性质任务和原有藏书基础在全国进行分配,每个图书馆承担一个到几个专题领域的文献收藏任务。各图书馆的藏书综合起来,就成了全国的图书情报资源体系。这种模式不需要建立新的中心图书馆,完全是在原有图书馆的基础上进行调整、分配入藏任务。

这种模式的主要优点是能充分调动各基层图书馆的积极性,由于各图书馆是在自愿的基础上承担所分配的藏书任务,既不会使它们负担过重,又能使它们自觉把自己的藏书作为全国整体藏书的一部分,努力使其保持系统、完整;第二,这种模式有利于在全国范围内均衡地配置文献资源,由于每个图书馆都能按自己的特长承担一部分文献的收藏任务,这就保证了所有图书馆的藏书都能得到均衡的发展;第三,这种模式能促进资源共享的开展,由于分担收藏各学科的文献,使每个图书馆之间相互依赖的程度增强,从客观上促进了馆际互借等协作活动的开展。

但是,这种模式的一个主要缺点是文献资源过于分散,在如此众多的图书馆中分配入藏任务,规划起来非常困难,而且读者利用也不够方便。

5. 拥有作为后盾的中央图书馆的以地区为基础的分散化布局模式。

这种模式是模式 1 和模式 4 的结合。首先在地区范围内各图书馆分工收藏文献资料,以满足本地区读者最基本的需要,如果本地区图书馆系统不能满足需要,再到中央图书馆去寻求解决。

这种布局模式最明显的优点是它具有层次性,读者的情报需求随着文献利用率的高低而在不同层次得到解决,既可以减轻全国性文献收藏中心的负担,又可以使读者就近得到文献服务。

第四节　国外藏书建设协调的经验

随着科学技术的飞速发展和文献资料数量的迅速增加,当前世界上许多国家都对图书馆藏书进行了全国范围的规划和协调,以保证在国家一级的水平上能够获得各种必要的文献资料。它们的做法和经验,对我们研究、规划全国文献资源的整体布局,具有一定的借鉴意义。

一、美国

美国是世界上较早实行藏书建设协调的国家之一。1896 年,纽约公共图书馆和哥伦比亚大学图书馆共同提出了一个"藏书专门化"计划,有 5 个图书馆参加。该计划规定每个馆分担某一学科文献的收藏任务,使其他馆避免这些学科文献的重复收藏,以达到节约经费的目的。1916 年,美国图书馆协会也提出了一个类似计划。

1929 年,美国社会科学研究会研究资料合作委员会及美国学术协会理事会联合提出:"在图书馆之间开展协作,以便所有的重要资料都可以得到收集并合理地进行分配,同时避免不必要的重复。"这个建议立即得到了许多大学图书馆的响应,一些大学图书馆根据各自的研究与课程计划,互相交换目录卡片,进行采购的协调。1930 年,美国图书馆协会书目委员会提出的在选书、采购、编目、贮存文献方面进行协作的计划,得到了美国政府普通教育委员会的赞助,使图书馆间小范围的藏书建设协调普遍地开展了起来。

第二次世界大战期间,美国图书馆界发现他们国内的藏书仍有许多空白点。即使是国会图书馆,在它的东方文献部,只是集中力量收藏了中文出版物,而没有兼收日文出版物;斯拉夫文献部只

228

重视收藏 1918 年前的出版物,而忽略了苏维埃的文献资料。特别是战争使美国采购欧洲文献的来源被切断了。在这种情况下,美国图书馆界于 1942 年在康涅狄格州的法明顿市举行会议,制定了协调全国藏书补充的"法明顿计划"(Farmington Plan)。它的主要内容是:通过 60 个大型图书馆联合收集美国科学界、政界和军界必需的外国出版物。他们按《国会图书馆图书分类法》把所有学科分成 804 个类目,在 60 个成员馆中按类和地区分配文献的收藏任务,保证各种有参考价值的国外文献至少有一册入藏。收集来的某类文献都集中在某一个图书馆,并编入全国的联合目录,以便互借。这项计划一直实行到 1972 年,被认为是在全国范围内有组织地大规模进行藏书协调的首创,它极大地丰富了美国的文献情报资源。

1962 年,美国国会图书馆根据"公共法 83—480",为大学图书馆和研究图书馆制订了一个书刊采购计划。这个计划使美国图书馆界得到了利用发展中国家以提供本国出版物的方式偿还出口差额的权利。到 1974 年底,30 多所图书馆收到了来自发展中国家的 1850 万册图书,在客观上形成了一批外国文献中心。

1965 年,美国第 89 届国会第一次会议还通过了一个高等教育法案。该法案提出了国家对发展高等学校图书文献资源而提供资金的计划,其中明确规定了应对那些承担书刊资源共享任务而要向全国或地区提供藏书的大学图书馆提供特别拨款。这实质上是为藏书建设协调提供了财政上的支持。

为了合理地协调全国藏书补充工作,美国图书馆与情报科学委员会(NCLIS)于 70 年代提出了一个"国家期刊计划"。这个计划把期刊在全国的收藏分为三个水平:第一级水平由地区性的基层图书馆所组成,要求每个图书馆收藏 2000 种左右利用率较高的期刊,它们可以满足 80% 的用户需要;第二级水平由新建的国家期刊中心组成,要求这个中心收藏 45000 种现期期刊,满足 80%

以外的 15% 的用户需求;第三级水平由国家图书馆组成,包括国会图书馆、全国医学图书馆、全国农业图书馆等,它收藏的期刊要能满足余下 5% 的用户需求。目前第二级水平的期刊中心由研究图书馆中心(Center for Research Libraries)所代替,收藏的期刊达 6 万种以上。

通过全国性的藏书建设协调,目前美国已形成了一个整体布局比较合理,满足需求能力较高的文献资源保障体系,在美国的社会发展中起着重要的作用。

二、英国

早在本世纪初,藏书协调的思想就在英国出现了。悉德尼·维伯(Sidney Webb)指出:"那些尽力扩大自己藏书的图书馆,只是把各种图书偶然地堆积起来,这些书与别的图书馆的藏书各自独立,在缺乏联系的情况下限制了其利用。"他首先提出编制联合目录的建议,希望把伦敦地区的藏书变成一个整体,同时避免重复采购图书。1907 年,这个建议开始付诸实施。1925 年,伯明翰的一些大学图书馆建立了一个合作系统,进行藏书协调和馆际互借;1937 年,国家中心图书馆确立了它的藏书中心和馆际互借中心的地位,服务对象包罗了整个英格兰和威尔士地区。

到 40 年代后期,英国的藏书协调活动迅速发展起来。1946 年提出的"伦敦地区小说合作保存计划",是一项大规模的协调计划,其目的是要使各种小说图书能在伦敦地区得到合理的收藏与利用。它要求伦敦的各个图书馆,按小说(包括英语的儿童文学图书和外国小说图书)著者姓氏的开头字母划分收藏范围。后来这个计划扩展到全国,由更多的图书馆分工收藏各种小说,使英国的小说图书得以完整的入藏。

在"小说合作保存计划"经验的鼓舞下,英国的藏书协调发展为按照主题专门化的要求,在地区内实行各学科文献的分工入藏。

1948年,伦敦地区首先开始实行这一计划,由28个图书馆按杜威分类法分成的55个学科领域,每馆承担一个或几个领域图书文献的收集。各图书馆承担的学科领域不是随便按分类法的顺序进行分配,而是注意学科之间的联系,并按各图书馆原有的藏书基础进行分配。参加协调的图书馆,除原来正常的采购外,每年必须用一定的经费购买所分配学科的书刊(包括外文图书和旧书)。后来是东南地区,逐渐全国各地区都实行了这种计划。目前,英国全国分为12个图书馆协作区,每一至二个区设立一个地区图书馆署,由它们具体规划、协调本地区文献资料的分工入藏。这样就使每个图书馆的藏书形成了各自的特色,而地区内所有图书馆的藏书综合起来,就形成了较为完整的藏书体系。此外,这些协作区中还有6个呈缴本图书馆,国家用法律的形式保证了各地区国内文献资料的完整收藏,使一般读者的情报需求,大多数在地区内就能得到解决。

作为全国文献资料收藏中心的英国图书馆,其藏书建设方针充分反映了英国国家一级的集中布局藏书的思想。英国图书馆是1973年开始组建的英国国家图书馆,由英国博物馆图书馆、国家中心图书馆、科学参考图书馆、国家科学技术外借图书馆、科学博物馆图书馆和英国国家书目公司合并而成。它的收藏范围包括各学科重要期刊、英文专著、科技报告、会议文献、学位论文、政府出版物等。其中的参考部藏书已达1000万册以上,专门提供馆内阅览;而外借部(现改称文献服务中心)拥有藏书300万册,缩微资料250万件,现期期刊51500种,通过高效的服务向全英和世界各国提供外借、复制。它的藏书能够满足国内外读者需求的93%以上。

英国图书馆不仅和地区图书馆合作委员会达成了协议,划分了中央和地区各自收藏文献的范围与级别,还和其他一些图书馆分工入藏具有全国意义的文献,如由26家图书馆负责收藏非洲国家的出版物,33 家图书馆负责收藏视听资料等,使英国图书文献的布局层次清楚、分布合理,形成了以地区性藏书协调建设为主,以国家图书馆为后备补充的两级藏书保障体制。

三、联邦德国

作为一个联邦制的国家,联邦德国各州独立性相对较强,加上政治上和历史上的原因,其藏书的布局、协调也是采用分散的方式。

1949 年,联邦德国制定了外国书刊特别收集计划,其目的是要减少由于战争和经费不足而造成的图书文献资源缺乏。计划要求德国研究协会(DFG)负责全面规划、经费补贴和管理监督。17所大学和学院图书馆、30 多个专业图书馆以及四个中央专业图书馆,按 27 个专题、105 个小类分别承担有关文献的分工入藏。各馆根据分工采集的国外文献资料,本馆负担 25% 的经费,协会资助 75% 的经费。同时,他们还把外国期刊划分为 A、B 两组,A 组为基本的期刊,要求每所大学图书馆和大型研究图书馆都入藏;B组为专业期刊,要求每种至少有一所图书馆收藏。这样,尽管参加协调的图书馆很分散,但从全国范围看,仍能形成完整的文献资源体系。现在,随着这个计划的不断发展完善,它已成了国家整体建设文献资源的方针和规划。

除了全国一级的藏书建设协调外,联邦德国各地区也有地区范围内的协调,全国共分为 7 个"外借区",每个区根据本地的需要划分收藏范围与收藏水平,在区内图书馆间进行分工协调,编制联合目录。只有当读者的需求在本地区不能得到满足时,才由全国专业中心图书馆免费提供服务。

四、日本

1868 年日本明治维新以来,图书馆事业开始兴起,但在 1900

年以前,全国图书文献的收藏还主要集中在东京、大阪、京都这三个大城市。后来尽管这种状况有所改变,但大部分藏书仍比较集中于人口稠密的城市和工业城市。由于这个原因,在第二次世界大战中,日本的图书馆藏书损失惨重。战后,日本开始重建全国的文献资源保障体系。1945 年 11 月,首先开始在全国布局为公共服务的情报图书馆,在当时书刊资料极其缺乏的情况下,对每个图书馆必须拥有的基本藏书作了明确规定,初步使藏书资源在全国得到了比较均衡的分布。

在此基础上,日本在发展图书馆藏书的过程中特别注意按学科和文献类型形成各图书馆的藏书特色,建立不同的藏书中心。如专门收藏日本历史文献的高知市民图书馆,专门收藏教科书的"东方文库",专门收藏珍善本图书的天理图书馆,专门收藏文学著作的日本近代文学馆,专门收藏地方史料的山梨县立图书馆,以及专门收藏社会资料的"大宅壮一文库"等。

但是也必须指出,长期以来日本并没有正式的、明确的全国性藏书协调计划,高校图书馆由于受国、公、私立大学相互竞争的影响,藏书十分分散,难以形成体系;公共图书馆也只是在不断加强自己的藏书特色而已,有组织有计划的分工入藏并未开展。可见日本的藏书协调起步是比较晚的。

1977 年,日本文部省开始在国立大学实行"共同利用计划",正式对本系统的藏书进行协调。该计划把国外科技期刊的采购分为三种类型:校内使用、地区共用、全国共用。规定某些专业学科的期刊由各地区的重点大学负责收集,供本地区共同使用;某些专深、罕用的期刊由全国性的大学负责收集,供全国使用。这些地区共用、全国共用期刊的收集费用,由文部省统一拨给。在实行这个计划的第一年,是从一些管理得比较好的图书馆中选出若干个,指定为地区中心和全国中心;1978 年后,为了实现一体化,又改为主要中心和辅助中心。目前,6 个外国期刊的主要中心是:由大阪大学图书馆、东北大学图书馆、九州大学图书馆组成的医学、生物学中心;由东北工业大学图书馆组成的理工学中心;由东京大学图书馆、鹿儿岛大学图书馆组成的农学中心等。这样做的结果,促进了研究资料在日本的系统入藏,也促进了各学科文献的集中化,方便了读者利用。由于日本的文献情报资源大部分集中在大学图书馆,因此日本文部省和日本学术审议会从 70 年代开始,还组织大学图书馆建立全国学术情报系统,以充实一次文献的收集与提供,建立二次文献的检索系统,促进三次文献的生产与专门文献数据库的形成。这个系统主要集中在 7 所大学之中,其中 6 所大学分担收集理工农医等学科的国外期刊(它们是 1977 年"共同利用计划"中建立的 6 个外国期刊中心),以主要文摘刊物收录的期刊为收集对象;对于人文、社会科学文献的收集,则由文部省拨出专门经费,指定专门图书馆负责;东京大学图书馆是这个系统的枢纽。目前这个系统已开始提供较高水平的服务。

五、苏联

苏联图书馆事业的基础比较好,早在十月革命前,全国就有了 76000 个图书馆,藏书总数为 4600 万册。但当时这些书主要集中在俄国的中央地带。十月革命后,苏联党和政府对图书馆事业给予了极大的关注,对图书馆藏书补充也提出了具体的措施。1920 年,列宁签署的《关于俄罗斯苏维埃联邦社会主义共和国图书馆事业集中化》的法令,规定了藏书的集中化补充与调配,这对形成全苏文献资源保障体系具有重大意义。

在苏维埃政权刚建立,苏联的财政状况还处于十分困难的情况下,为了保证图书情报资源的完整、系统,1921 年,人民委员会通过了《关于购置与分配外国图书办法》的法令,规定要"尽力使 1914—1921 年间国外出版的科学技术(化学、物理、电工学、医学、统计学、经济学等)杂志和书籍在莫斯科、彼得格勒和共和国各大城市的专门图书馆里都备有一份,并做到定期收到所有书刊"。在此基础上,克鲁普斯卡娅进一步提出了建设整体化藏书的设想。她认为:必须克服各自为政,即只要建设自己图书馆的藏书,不懂得社会主义整体利益的思想。她以列宁关于"必须建立全国统一的图书馆网"的原则为依据,提出应该克服本位主义的障碍,为有计划地设置图书馆和相互配合地利用藏书创造条件。在克鲁普斯卡娅的倡导下,至 30 年代中期,苏联已基本形成了由国家统一管理、协调全国图书馆藏书资源的体系,使藏书建设协调活动得以有组织、有计划地进行。

卫国战争使苏联的图书馆藏书受到很大损失,战后最初几年,为了迅速充实全国的文献资源,苏联政府采取了许多措施。其中之一是对图书馆员进行物质鼓励来促进图书馆藏书数量的迅速增长。到 1950 年,图书馆藏书总量比战前增加了 74%。但这样做的结果,也助长了各图书馆藏书盲目地、无计划地增长,不少图书馆收藏了许多与专业不符合陈旧过时的图书;而与此同时,许多具有重要参考价值的优秀图书全国各图书馆都没能入藏,降低了整体藏书的质量。在这种情况下,苏联从 60 年代起,开始大规模整顿图书馆藏书,实行藏书建设协调,使全苏的藏书协调工作达到了一个很高水平。

现在苏联的藏书建设协调有一个明确的总目标,这就是:建立全国统一的藏书体系,使其尽可能充分地提供世界上最有价值的文献,并使其能被国内任何地点的任何读者所利用。1966 年,苏联部长会议通过一项命令,责成全国图书馆紧密合作,为科学和工业发展服务。在政府的直接领导下,苏联的图书馆和情报系统紧密配合,相互依赖,开展多种形式的藏书建设协调,建成了全苏的文献情报网。

首先,苏联 15 个加盟共和国分别建立自己的地区性藏书协调网,形成了地区内跨部门、跨系统的文献情报中心,以满足本地区读者的大部分情报需求;其次,根据苏联部长会议的命令,7 个全苏的专业情报所(工业、医学、农业、建筑、科技情报分类编码、标准规范、专利和技术经济),按出版物类型和学科进行藏书协调,分工负责专业文献的收集,以满足各地对专业文献的广泛需求;最后,由全苏的超大型图书馆如列宁图书馆、萨尔蒂柯夫—谢德林图书馆、全苏外文图书馆、国立公共科技图书馆、科学院图书馆、莫斯科大学图书馆等作为大型的综合性文献收藏中心,为各图书馆的藏书提供后备补充,在最大限度内满足所有读者的情报需求。苏联的藏书协调模式,最成功的体现就是在全国建立的四级贮存收藏系统。这个系统的职责不仅包括前面已介绍过的系统贮存各图书馆剔除的图书,更主要的是主动收集各学科的文献,使系统内的各成员馆成为分布在全国的、不同级别的文献资源中心,促进文献资源的合理布局与充分利用。

苏联还特别重视全国藏书资源的再分配。政府消除了存在于各系统、各部门的障碍,一切图书馆都被授权能够相互无偿地移交图书。从 60 年代起,各省、边区和加盟共和国都设立了交换书库,广泛地进行了藏书交换;列宁图书馆和各部、局的中心图书馆,科学院图书馆等也建立了中央级的交换书库。1967 年,列宁图书馆建成了自动化的国内图书交换系统,集中报导已有的和征集中的出版物,使各图书馆的供需情况得到了及时的汇总与交流,促进了全国藏书资源的再分配。

1979 年,为了协调高等学校图书馆的藏书建设,苏联高等教育部作出了由主要高校图书馆购置外文图书的规定,以避免在全国重复订购某些非专业文献的现象,使一些较少使用的、但又有价值的文献能集中在少数图书馆,便于读者利用。最近几年,为了合理配置与利用高校的图书情报资源,苏联又开始在几个城市和地区联合组织高校图书馆中心(他们称之为校际图书中心),目前这种中心正在第聂伯彼得洛夫斯克等地建设中。

六、北欧四国

挪威、瑞典、芬兰和丹麦,是北欧的四个小国家。为了解决有限的经济力量与全面收藏世界文献资料的矛盾,提高文献情报的保障程度,他们从 1957 年起就开始制定并实施一项国际合作采购藏书计划,称为"斯堪的亚计划"(Scandia Plan),以协调四国的藏书补充工作。参加该计划的包括北欧四国的主要公共图书馆、大学图书馆和专门图书馆。按照合作采购计划,在采购北欧以外的文献时,各国及各图书馆按照学科主题、地区和文种进行分工,使各馆分别成为某一学科或某种类型文献的收藏中心、书目中心和外借中心,共同满足四国的情报需求。

由于北欧四国有相邻的国土,相同的政治、经济、文化传统,具有国际间相互合作的基础,因而他们在进行藏书协调时,既能够从各国历史情况和原有基础出发,保证各国文献资料的系统性;也能够照顾现实情况和发展需要,合理分工,形成新的、完整的文献保障体系。他们的作法为各国进行藏书建设的国际协调与合作提供了成功的经验。

从以上情况可以看出,各国的藏书协调都具有一些共同的经验,值得我们借鉴:

1. 各国都有全国范围内乃至国际范围内藏书协调的总目标,无论是美国、英国、西德还是日本、苏联、北欧四国,都要求经协调后的藏书整体建设能基本上满足本国的需求,能最充分地收集、提供全世界所有有价值的文献资料,形成多级的文献保障体系。为了实现这个目标,国家把藏书协调作为一项国家和社会的事业,作为国家科技、文化政策的一部分而进行统筹规划。

2. 面对图书文献迅速增长的形势,各国图书馆、情报机构和整个社会都认识到,靠单家独户的努力,是不可能把所有文献收集齐全的;认识到图书文献资源是可以共用的,承认统一规划建设的必要,赞同、支持并积极参与藏书的协调,对承担分工的任务采取积极的态度。

3.各国都有一个从事规划、协调、监督、控制全国图书文献资源整体建设的权威机构,如西德的研究协会、美国的国会图书馆和情报科学委员会、苏联的部际委员会、日本的文部省等。尽管这些机构性质不一样,职权也不尽相同,但它们都对本国的藏书协调起着领导作用,从组织上对图书文献资源整体建设提供了保证。

4.各国都拨出了专门的经费,用以支持承担分工收藏国家级图书文献资源的图书馆收集文献,使这些图书馆能够随着增加的负担而得到一定的补偿。这样既提高了各馆承担协调分工任务的积极性,又不致因为受本馆原有经费的制约而影响全国图书文献资源建设。

5.藏书补充的分工协调与联合目录的建设同步进行。各国都十分重视联合目录及其他二次文献的编制,广泛采用联机文献检索,制定文献共存共享的原则与方法,使藏书协调的情况能得到及时的监督检查与反馈。

6.各国的藏书协调都有一定的模式,有完全集中型的,有按文献类型分别集中的,有按学科专业相对集中的,有比较分散的,也有按地区分层次的。但几乎任何一个国家都不是采用单一的模式,而是因地制宜综合几种模式,以适合本国的国情。

第五节　我国图书馆藏书建设协调的历史及现状

我国图书馆藏书建设的大规模协调,始于50年代中期。1957年9月,在周恩来总理的亲自支持下,国务院制定并批准了《全国图书协调方案》,决定在国务院科学规划委员会下设立图书小组,负责对全国为科学研究服务的图书工作进行全面规划和统筹安排;成立全国和地方的中心图书馆委员会,具体规划、实施全国的藏书协调工作。

根据《全国图书协调方案》,北京、上海分别建立了第一中心图书馆委员会、第二中心图书馆委员会;湖北、辽宁、江苏、广东、四川、陕西、甘肃、黑龙江、天津等地的地区中心图书馆委员会也先后建立起来。它们的主要任务之一是"研究和解决有关中心图书馆之间的分工合作,包括图书采购、调配、交换、互借等方面的业务问题"。在此以后,各中心图书馆在外文书刊采购协调、书目编制、书刊互借方面做了很多工作。例如上海地区进行的藏书补充协调,除了按文献类型分工入藏外,还按学科专业进行了分工:上海图书馆以收藏化学化工、采矿、冶金、电工技术、仪器仪表、农业等方面的书刊为主;复旦大学图书馆分工收藏数学方面的书刊;其他医学、纺织等方面的书刊则由相应的图书馆分工收藏。使上海地区的藏书协调有了一定的基础。

中国科学院图书馆于1961年也曾制定了藏书协调原则,对全院各单位的外文期刊采购进行分工协调,取得了较好的效果。

1962年12月,国家科委和文化部联合制定了《1963—1972年科学技术发展规划(草案)》图书部分,对全国的图书文献资源整体建设与协调提出了初步设想。草案提出:对外文书刊的分配,"要逐步按系统、按地区协调,归口管理。……在1965年以前,建立从中央到各省区的分系统、分地区的管理体制,并逐步改进协商分配的方法。要求在1967年以前,建立进口科学技术书刊分配和使用的合理制度,以避免全国各系统、各地区和系统与地区之间的重复浪费现象"。"重点建设北京图书馆和中国科学院图书馆",并要充实它们的藏书,"使其逐步达到丰富精专的地步";"充实省、市、自治区图书馆,特别是上海、天津、重庆、辽宁、甘肃、陕西、四川、广东、湖北、江苏等省、市图书馆,提高科学技术藏书质量";"建议国务院有关各部加强一个部属或研究院属的较有基础的科学技术图书馆,充实必要的藏书(但是不宜过分集中),使其成为各该系统专业的中心图书馆"。这个规划草案对《全国图书协调方案》作了进一步的完善,为全国的藏书协调和文献资源布局指明了发展的方向。如果能够实现这个规划草案的要求,我国图书馆藏书的整体布局与协调将会达到一个新的水平。

但是,由于左的思想的影响,特别是"文化大革命"的十年动乱,《规划》提出的设想没能付诸实践,连《全国图书协调方案》提出的一些协调工作也被迫中断了,已经建立起来并做了大量有益工作的中心图书馆委员会也被取消了,使全国的藏书协调工作处于停顿甚至倒退之中。在文献资源整体建设方面,我国同国外的一些差距因此而进一步加大了,给图书馆事业带来极大的损失。

党的十一届三中全会以后,拨乱反正,全党全国人民把目标集中到了社会主义现代化建设上来,教育和科学事业成了发展的重点。为了适应社会上迅速增长的文献情报需求,我国图书馆事业和情报事业得到了较大的发展,一些地区和部门系统的中心图书馆委员会相继恢复,建立并开展了协作活动,使我国图书馆藏书建设协调出现了新的局面。目前,我国图书馆藏书协调从"条条"、"块块"多方面展开。

首先,在国家一级的图书馆之间存在着自然的分工:北京图书馆、中国科学院图书馆、中国农业科学院图书馆、中国医学科学院图书馆、全国地质图书馆、中国科技情报中心等,根据本馆的性质和服务对象,对文献的入藏范围有各自的侧重,尤其是在外文原版书刊的收藏上有一定的协调关系,它们共同组成了全国性的文献资源保障体系。

从"条条"上看,我国各系统、部门的藏书协调较有基础,形成了从中央到地方图书馆藏书的纵向层次结构。公共图书馆系统、科学院图书馆系统长期以来存在着上下级图书馆的业务关系,组织比较健全,藏书协调活动开展得比较正常;医学、农业、地质、铁道等专业图书馆系统,近年来也建立了中心图书馆委员会或其他协调机构,开展了大量的藏书协调活动;全国高校图书馆系统,在全国高等学校图书情报工作委员会的统一领导下,藏书建设的整体建设与协调更是开展得十分活跃,现在已经提出了高校图书馆系统文献资源整体布局的规划,决定在高校建立40个左右的面向全国的学科文献情报中心。

从"块块"上看,我国各地区的藏书协调也开始起步,从大区到省,普遍建立了地区性的中心图书馆委员会或协作委员会,藏书协调有规划、有活动。这种地区性的协调,打破了系统之间的界限,从本地区的需要出发,初步形成了地区性的文献资源保障体系。如广东省中心图书馆委员会,一直坚持和外文书店配合,对全省各级各类图书馆的外文书刊补充实行统一分配,促进了文献资源的合理布局,增加了书刊品种,减少了重复、遗漏,节约了购书经费。还有许多地区,编制了地区内各馆藏书的联合目录,发放了通用借书证,实现了地区内藏书的资源共享。

为了进一步协调我国的图书情报工作,1987年10月,由国家科委、文化部、国家教委、中国科学院、中国社会科学院、国防科工委、邮电部、机械电子部、国家档案局、国家标准局、国家专利局组成的部际图书情报协调委员会正式成立。这是一个在自愿、平等、互惠基础上建立起来的横向联合组织,其主要任务是研究并向有关政府部门提出我国图书情报事业发展规划及方针政策的建议,研究和协调全国文献资源合理布局与开发利用,研究和协调全国图书情报系统计算机数据库和网络的建设等。部际图书情报协调委员会的建立,结束了我国图书馆藏书协调缺乏全国性机构领导和组织的分散状况,使我国的藏书协调工作能够有计划、有步骤地在全国范围内深入进行,这无疑对我国图书馆事业的整体建设具有重要意义。目前,部际图书情报协调委员会首先建立的专业组之一,即是文献资源采集开发利用组,近期工作重点是开展大规模的全国文献资源调查,以便实施国家一级的藏书整体布局与协调。

但是,我们也必须看到,长期以来我国图书馆深受自给自足的小农经济思想的影响,整体化建设藏书的意识还很薄弱。从全国来看,藏书协调的发展很不平衡,还有相当一部分图书馆并没有把整体建设藏书变为自己的行动,仍在追求"大而全"、"小而全",这种状况必须迅速加以改变。所有图书馆都应自觉地把本馆藏书纳入国家的整体藏书中,"从我做起,从现在做起",积极参加本系统、本地区乃至全国的藏书建设协调,为全国文献资源保障体系的早日建成做出应有的贡献。

第六节　我国图书馆藏书整体布局的构想

近几年来,许多同志对我国图书馆藏书整体布局的模式进行了研究,提出了一些设想。1984 年 9 月,全国高校图书馆工作委员会在大连召开了藏书建设讨论会;1986 年 11 月,中国图书馆学会在广西南宁召开了全国文献资源布局学术讨论会。这两个会议集中讨论了全国文献资源整体布局的模式问题。目前,在图书馆界比较有影响的一种模式是建立三级文献保障体制。它的具体内容是:

第一级,各省、市、自治区根据实际需要,建立综合性的文献资源系统,由一些重要的图书馆和情报所分工负责,在入藏文献的研究级水平上进行协调,共同解决本地区 80% 以上的文献需求,并逐步使之网络化。

第二级,全国具有独特优势的专业图书馆、情报所、重点高等院校图书馆,可以在自己专门而深入的专业领域,使藏书达到完整级的水平,形成具有全国意义的文献资源,解决各地不能满足的文献需求问题。这些专业文献中心,特别重要的而且常用的文献可以有少量重复。

第三级,由国家图书馆、国家科技情报中心、社科院文献情报中心、科学院文献情报中心等全国性综合图书情报机构集中收藏昂贵而罕用的资料,提供全国利用。

为了实现这种布局模式,必须注意以下几方面的问题:

1.在藏书的整体布局和协调过程中,"条条块块"的分割是极大的弊端,必须打破。当然,要打破的不是"条条块块"本身,而是它们之间的分割和产生分割的思想和做法。这里包括"条条"与"条条"的分割,"块块"与"块块"的分割,条块之间的分割。这种分割必然妨碍全国文献资源的合理布局和文献保障体制的建立。打破这种分割的积极办法,除了进一步提高全体图书馆工作人员的思想认识之外,还应发展图书馆之间的横向联系,成立跨系统的、跨地区的、有权威的全国文献资源协调委员会,对全国的文献资源建设进行统一调度。

2.为了保障全国文献资源的整体开发、管理和利用,应该遵照宪法的有关规定,结合我国国情,尽快制定出具有中国特色的图书馆法及其文献资源协调与保护法,使整体图书馆藏书的开发、利用、管理受到法律的保护。

3.图书馆藏书建设协调是以社会需要为依据的,同时又以文献的充分利用为其最终目的。因此,在全国文献资源合理布局的基础上,必须确立文献资源共享的原则和方法,并把它作为藏书协调中各图书馆的重要职责。

4.全国文献资源保障体制的建立不能仅限于图书馆界,还应注意图书馆界同出版发行部门、科技情报部门以及档案部门的协作与协调。

由于全国文献资源整体建设是一个十分复杂而艰巨的课题,因此,上面介绍的一种布局构想还需进一步研究论证,以取得科学的依据,这可能需要较长的时间。但是,我们不能坐等完善的方案。整体布局全国文献资源,协调图书馆藏书建设,我们可以从局部做起,以便打好基础。同时,我们也应该积极参加全国文献资源整体布局的研究,使我们合理的文献资源保障体制早日实现。

参考文献

一　著　作

1. (苏)斯多利亚洛夫、阿列菲也娃著,赵世良译,李修宇校:《图书馆藏书》,书目文献出版社,1983 年。

2. 全国高校图书馆工作委员会编:《藏书建设论文集》,南开大学出版社,1985 年。

3. 全国高校图书馆工作委员会秘书处编:《藏书建设译文集》,1983 年。

4. 沈继武编著:《藏书建设与读者工作》,武汉大学出版社,1987 年。

5. 邱均平编著:《文献计量学》,科学技术文献出版社,1988 年。

6. 王崇德、刘春茂编著:《科技期刊综论》,情报科学杂志社,1989 年。

7. 郭星寿编著:《图书馆与资料室管理手册》,四川科学技术出版社,1987 年。

8. (苏)И. М. 福鲁明著,赵连生等译,徐文绪等校:《图书馆的组织与管理》,书目文献出版社,1985 年。

9. 于鸣镝著:《图书馆管理学纲要》,辽宁人民出版社,1986 年。

10. 吴慰慈、李纪有、张涵编著:《图书馆学简明教程》,科学技术文献出版社,1988 年。

11. 杨威理著:《西方图书馆史》,商务印书馆,1988 年。

12. 河北大学图书馆学系编印:《图书馆法规文件汇编》,1985 年。

13. 陆伯华等编:《国外工具书指南》,中国学术出版社,1984 年。

14. 顾敏著:《图书馆采访学》,台湾学生书局,1983 年。

15. Stephen Ford：The Acquisition of Library Materials, ALA. 1973.

16. Handbook on the International Exchange of Publication 4th ed. UNESCO. 1978.

17. R. K. Bowker：Ulrich's International Periodical Directory. 1985. 24th ed.

18. Susan K. Martin：Library Networks, 1986～1987, Libraries in Partnership.

19. Robert N. Broadus：Selecting Materials for Libraries.

20. Allen Kent：Resource Sharing in Libraries.

二　论　文

21. 肖自力:关于改进我国图书馆藏书建设的意见,《大学图书馆通讯》,1983(6)。

22. 蒋志伟:藏书建设的范围和任务,《图书与情报工作》,1985(3)。

23. 祝胜华:论藏书体系,《大学图书馆通讯》,1985(2)。

24. 谢其元:谈图书馆的重点藏书,《图书馆学研究》,1984(3)。

25. 罗紫初:国外的图书发行渠道,《世界图书》,1987(11)。

26. 关平:各国图书发行杂谈,《世界图书》,1985(2)。

27. 肖文:几个主要出版国的出版概况,《世界图书》,1987(10)。

28. 曾季光:我馆藏书建设方针之探讨,《北图通讯》,1983(2)。

29. 郭扬:专业图书馆藏书补充的原则与实践,《图书情报工作》,1980(1)。

30. 刘兹恒:省馆藏书与高校馆藏书特点比较,《图书馆工作与研究》,1983(4)。

31. 徐孝宓:论省图书馆藏书建设,《图书与情报》,1983(4)。

32. 肖自力:试论藏书结构,《图书情报工作》,1981(1)。

33. 陈修学:藏书结构研究中基本理论问题的探讨,《大学图书馆通讯》,1984(5)。

34. 李菊兰:图书采访的调查研究,《图书馆研究与工作》,1986(2)。

35. 胡继武:缴送本制度的由来,《图书与情报》,1983(4)。

36. 纪云秀:藏书建设过程中的大宗购买计划,《图书情报工作》,1984(1)。

246

37. 张欣毅、沈继武：藏书布局模式初探，《图书情报工作》，1985(5)。

38. 吴慰慈：论大型图书馆藏书布局的改革，《图书馆工作与研究》，1984
(2)。

39. 褚晓明：三线制藏书与组配式索书号，《大学图书馆通讯》，1984(2)。

40. 朱冬生：试谈图书预订目录在采访工作中的地位和作用，《广东图书
馆学刊》，1985(3)。

41. 赵景侠：关于图书的再精选，《图书馆学研究》，1983(2)。

42. 陶涵彧：略论藏书剔除，《四川图书馆学报》，1984(1)。

43. 陈界：略论理想的馆藏，《情报科学》，1983(6)。

44. 乔瑞泉、吴慰慈：大型图书馆应当控制藏书增长速度，《四川图书馆
学报》，1983(1)。

45. 邹泽钧：怎样理解和计算藏书保障率，《江苏图书馆学报》，1984(1)。

46. Jeffrey A. Raffel：From Economic to Political Analysis of Library Deci-
sion Making, College and Research Libraries Nov. 1974. V. 35. No. 6
P412 –423.

47 . Suzanne N. Griffiths：Journal Purchase and Cancellation：A Brief Look
at the Problem in Five British Academic Libraries，The Serials Librarian
V. 3 N. 2 P167—170 1978.

48. Allen Kent：Library Resource Sharing Networks：How to Make a
Choice, Library Acquisition：Practice and Theory V. 2. No. 2. 1978.

49. 金问涛：论藏书质量评价，《图书馆学研究》，1985(5)。

50. 李志明：浅谈清点图书，《图书馆研究与工作》，1984(2)。

51. 李景仁：现代科学技术在图书档案保护中的应用，《图书馆学通讯》，
1985（3）。

52. 李岩等：从 PTS 库使用看天津市期刊收藏的现状，《情报理论与实
践》，1987（4）。

53. S. J. Bensman：Journal Collection Management as a Cumulative Advan-
tage Process，College and Research Libraries. Vol. 46. No. 1. Jan. 1985.

54. B. C. Brookes：Towards Informatrics，J. Docum. 40（z）1984.

55. 孙伯庆：论核心期刊和情报量的关系，《科技情报工作》，1981(2)。

56. 王崇德：科技期刊的选择原则，《科技情报工作》，1981(10)。

57. 刘东维:科技期刊保本经营的最低期发数,《情报学刊》,1988(5)。

58. 刘植惠:文献的定量分析研究,《情报科学》,1980 (1〈4〉)。

59. 赵红洲、蒋国华:科学计量学的历史和现状,《科学学研究》,1984(2〈4〉)。

60. 邱均平:文献统计方法及其应用,《图书情报知识》,1987(1)。

61. 庄子逸、陶涵彧:论"呆滞书刊"的剔除——兼及文献存储的最佳策略,《图书情报工作》,1982 (6)。

62. 张伟:图书馆藏书稳定状态理论的可行性研究,《黑龙江图书馆》,1985(3)

63. 邵国秀:略论藏书建设的馆际协调,《图书与情报》,1983(1)。

64. 吴建中:论选书,《黑龙江图书馆》,1983 (2)。

65. 邓广宇:图书馆统计的反馈作用,《图书馆学刊》,1981(3)。

66. 庄义逊:图书馆藏书组织新议,《广东图书馆学刊》,1981(2)。

67. 吴慰慈:论图书馆藏书的采选、组织和利用,《吉林高校图书馆通讯》,1985 (3)。

68. 安江平:加强馆际协作,实现资源共享,《图书馆学通讯》,1986 (1)。

69. 陈军:情报系统文献存贮略研究,《情报学刊》,1981(1)。

70. 蒋志伟:文献资料宏观布局刍见,《山东图书馆季刊》,1985(3)。

71. 陈久仁:试论我国藏书建设的分工协作,《图书情报工作》,1983(2)。

72. 刘兹恒:国家采购政策的模式,《高校图书馆工作》,1984(4)。

73. 吴慰慈:全国文献资源布局学术讨论会观点综述,《图书馆界》,1987(1)。

74. 刘兹恒:试论我国图书情报资源整体布局的原则,《图书馆工作与研究》,1986 (4)。

75. 肖自力:我国文献资源建设和高校图书馆的使命,《大学图书馆通讯》,1984(6)。

76. 刘兹恒:我国图书馆藏书建设的发展趋势及我们的任务,《图书馆工作与研究》,1987(3)。